도시개발풍수론

- 쾌적한 환경도시를 위하여 -

도시개발풍수론

- 쾌적한 환경도시를 위하여 -

김 상 휘 著

한국학술정보[주]

서 문

우리나라는 60년대 이후 성장위주 경제구조로 인해 오늘날 고질화된 국토불균형과 환경문제를 잉태시켰다. 90년대 중반부터 현재까지 난개발 및 부적합한 토지 이용으로 생활환경의 열악화, 극심한 교통체증, 환경오염, 자연생태 파괴 등을 야기시켰다. 이와 같은 현상은 국토 및 도시관리정책의 새로운 전환의 계기가 되었으며, 도시계획에 대해 재인식을 하게 되었다. 그래서 각, 시도는 환경을 기본골격으로 중·장기 종합계획을 수립하여 인간중심 전원도시 방향으로 나가게 되었다. 그러나 지역 특성이 부재 된 난개발과 도시경영 마인드 미비, 행·재정적 지원문제로 새로 개발된 신도시마저 기존 도시계획 틀에서 크게 벗어나지 못하였다. 현재 우리나라 도시계획에서 시급히 요구되고 있는 것은 노출된 환경오염과 생태계 파괴를 최소화하는 탈산업화를 담은 계획, 토지이용이 입체적이고 복합적인 도시계획의 패러다임이 필요한 실정이다.

그래서 우리나라 도시계획의 패러다임은 개발위주의 양적 계획에서 개발과 보존을 조화시킨 질적계획으로, 문제 해결형 접근방식에서 구조재편형 접근방식으로, 생산기반 중시계획에서 생활환경 중심계획으로 전환해야 할 필요가 있다.

이런한 도시계획을 지향하기 위해서 대한국토·도시계획학회, 경실련도시개혁센터 주관과 건설교통부 후원으로 '지속가능한 도시대상'을 2005년도 6회 째 수여하고 있는 것이다. 이는 도시계획 틀이 21세기에 들어 새롭게 바뀌어가고 있음을 인지시키는 대목으로 우리나라 도시계획이 지역환경과 지역특성에 맞는 도시계획으로 변화하고 있음을 볼 수 있다.

앞으로 쾌적한 환경도시를 조성하려면 도시개발 연구와 새로운 개발기법이 활발히 이뤄져야 하고, 자원절약형 도시공간 개발로 자연환경과 조화를 이루는 쾌적한 도시가 조성되어야 한다.

자연환경이 보전되고 적절히 활용되는 도시개발전략 중 하나는 환경도시 또는 생태도시(Eco-city)계획으로, 환경보전과 활용도모, 생태계 안정적 순환구조를 갖는 도시를 의미한다.

생태도시 추구는 도시 공해를 추방하고 도시의 건강성을 찾는 것도 포함되지만, 그보다 도시의 쾌적성을 한 단계 높이는 도시개발기법을 뜻하고 있다.

그동안 우리나라 도시계획은 자연 환경과 땅의 특성을 고려하지 않고 서구형 도시계획이 무비판적으로 적용되면서 대도시나 공업도시 등이 환경오염과 생태계의 파괴 늪으로부터 벗어나지 못했다.

따라서 도시개발풍수론은 이제라도 한국 땅이라는 일정한 정주공간에 적용될 수 있는 한국적 도시계획이 중요하다고 보고, 선조들이 생활의 지혜로 오래전부터 활용해 왔던 풍수를 도시계획에 적용시키려 한다.

풍수는 오랜 역사 안에서 자연중심의 삶터를 찾고, 생활 속에서 불편함을 고쳐 쓰던 고려시대 국역풍수와 조선시대는 청오경, 금낭경, 명산론, 호신순 '지리신법'을 중심으로 추길, 피흉을 찾았던 상지 기술학이다. 풍수는 동아시아 문화와 역사를 이해하는데 중요한 수단으로 보았던 김지하는 '동아시아 고유담론'으로 보기도 했지만, 사실상 풍수는 당대에 따라 다양한 이론으로 자연질서를 따르는 전통 지리학이다.

고려시대 풍수는 불교 중심으로 '도선국사'가 중국풍수를 우리 실정에 맞게 체계화한 '비보풍수(裨補風水)'가 성행했고, 조선시대는 유교 중심의 음택풍수로 '효'를 중시했던 '동기감응론(同氣感應論)'이 유행했다.

이처럼 풍수는 시대에 따라 '論'과 추구 점은 달랐지만, 공통점은 자연을 중심으로 인간 삶터에 있어서 조화와 상생을 근간에 두고 있었다.

풍수가 현대에 들어 다양한 분야에서 실용화하는 데는 여러 어려운 부분이 도출되고 있다. 이것은 비논리 비합리성을 다소 벗어나지 못하고 있는 실정이기 때문이다.

그러나 도시계획에 있어서 실용풍수서로 불릴 수 있는 본 '도시개발 풍수론'은 비논리 비합리적 부분들을 최소화하고, 실생활에 합리적으로 활용될 수 있도록 본인의 '자연풍수 조화론 · 4단 연계법' 일명 '자연풍수 조화론'을 신 도시계획에 적용시켜보았다.

이를테면 기존 풍수가 사상과 이론으로 치우쳐 비논리 · 비합리적으로 실생활에 접근해 왔다면, 보다 객관적이고 합리성을 갖춘 쾌적한 환경을 위한 풍수론이 바로 '자연풍수 조화론'이다.

앞으로 '자연풍수 조화론'을 도시계획에 있어서 보완 · 적용시켜 나간다면 우리나라 환경에 맞는 새로운 패러다임 시도로 볼 수 있으며, 또한 '21세기 지속 가능한 도시' 친 환경부문 평가에도 한 단계 높여주는 효과를 얻을 수가 있다.

조선시대 도시개발의 문헌들을 보면, 성곽 모양과 성문의 위치, 주산, 안산, 좌청룡 우백호, 배산임수 등 이른바 풍수설에 의해 도읍의 입지와 시가지 공간에 건축물 좌향·규모와 높이까지도 계획적으로 통제해 왔다. 이것은 지역 특성(지형, 지세, 바람길, 기후)을 철저하게 고려해서 도시개발을 해왔다는 점이다.

태조 이성계가 조선을 개국하고 새로운 천도를 계획할 때 풍수상 길지인 무악(毋岳·현재 연세대 근처), 계룡산을 두고 고민하다 한양을 수도로 결정하기까지는 정치적 함수관계를 떠나, 본질적으로 자연과 인간의 삶터를 생활하기에 최적의 공간을 기준에 두고 결정했던 것으로 보여 진다.

그래서 서울과 계룡시는 풍수학적 측면에서 다양하게 연구대상이 될 수 있다. 본서인 도시개발풍수론은 우선 계룡시를 중심으로 자연풍수 조화론 4단 연계법을 접목하여 도시계획 및 개발을 살펴봄은 풍수지리를 실용화하는데 감히 한 단계 올리는 계기로 볼 수 있기 때문에 의미가 깊다고 볼 수 있다.

무악산을 바라보며... 2006년 8월

목 차

표 목 차

그 림 목 차

제 1 장 서 론

제 1 절 연구의 목적

산업혁명 이후 기술과 과학의 발전으로 인간의 삶은 풍요해지고 편리해졌으며, 도시화·공업화가 급속히 진전됨으로써 인류는 진보되었고 사회 역시 크게 변하였다.

과학 기술의 발전으로 물질 만능주의와 기능주의적 가치가 삶에 있어 보편적 가치로 인식되어 성장과 개발은 정책의 중요한 목표가 됐다. 그 결과 인간 삶에 있어 기본 터전인 환경은 파괴와 오염으로 생존에 위협을 느낄 만큼 심각하게 훼손되어 범세계적으로 해결 방안을 모색하기에 이르렀다.[1]

우리나라는 60년대 이후 성장위주의 경제구조로 인해 오늘날 고질화된 국토불균형과 환경문제를 잉태시켰고, 90년대 중반에는 부실건설 및 지가앙등과 부적합한 토지 이용으로 생활환경의 열악화, 극심한 교통체증, 환경오염, 자연생태 파괴 등을 야기시켰다.

이와 같은 현상은 국토 및 도시관리정책의 새로운 전환의 계기가

---

1) 김우창 외, 「21세기의 環境과 都市」"인간중심의 주거환경 구축을 위하여" (윤정숙), 민음사, 2000, p.324.

되었으며, 도시계획에 대해 재인식을 하게 되었다. 각 도시들은 친환경을 기본골격으로 중·장기 종합계획을 수립하여 인간중심 전원도시 방향[2]으로 나가게 되었다.

그러나 중·장기 종합도시계획에 지역 특성이 부재 된 개발과 도시경영 마인드 미비, 행·재정적 지원문제로 기존도시나 새로 개발된 신도시마저 기존 도시계획 틀에서 크게 벗어나지 못하기도 하였다.

따라서 우리나라 도시계획에서 시급히 요구되고 있는 것은 노출된 환경오염과 생태계 파괴를 최소화하는 탈산업화를 담은 계획, 토지이용이 입체적이고 복합적으로 관리되는 도시계획의 패러다임이 필요하게 되었다.

그래서 우리나라 도시계획의 패러다임은 개발위주의 양적 계획에서 개발과 보존을 조화시킨 질적계획으로, 문제해결형 접근방식에서 구조재편형 접근방식으로, 생산기반 중시계획에서 생활환경 중시계획으로 전환해야 할 필요가 있다.

그런 점에서 대한국토·도시계획학회, 경실련도시개혁센터 주관과 건설교통부 후원으로 '지속가능한 도시대상'[3]을 수여하고 있다. 2005년도 하반기에 6회 째 수여를 했다. 이는 도시계획 이론이 21

---

2) 김우창 외, 상게서, "새로운 都市環境 조성을 위한 社會的 規範"(양윤재) 민음사, 2000. p.174.
3) 이양재(원광대학교도시공학부)교수, '21世紀 人間中心 都市'란 "유엔에서 말하고 있는 21세기 도시는 ESSD (Environmentally Sound and Sustainable Development)로, 이것은 環境的으로 건전하고 지속 가능한 開發을 두고 하는 말이며, 生態 기준은 각 도시마다 다를 수 있다. 이를테면 현재 오존도가 높은 도시는 오존도를 낮추는 일, 목표치에 도달하지 못한 경우는 근접하려는 人間中心, 노력의 도시이다. 한때 工業化 위주로 인해 불균형으로 발전한 우리나라 도시가 친환경, 인간중심이 되려면 持續可能한 都市대상 기준을 정하고 공감해서 誕生될 도시를 의미하는 것이다." 2003年 3月10日字 全州每日.

세기에 들어 새롭게 바뀌어가고 있음을 인지시키는 대목으로 '지속 가능한 도시대상' 평가항목에서 제시되었듯이, 우리나라 도시계획이 지역환경과 지역특성[4]에 맞추는 도시계획으로 변화하고 있는 것을 볼 수 있다.

앞으로 쾌적한 환경도시를 조성하려면 도시개발 연구와 새로운 개발기법 개발[5]이 활발히 이뤄져야 하고, 자원절약형 도시공간 개발로 자연환경과 조화를 이루는 쾌적한 도시가 조성되어야 할 필요가 있다.

자연환경이 보전되고 적절히 활용되는 도시개발전략 중 하나는 환경도시 또는 생태도시(Eco-city)계획으로, 환경보전과 활용도모, 생태계 안정적 순환구조를 갖는 도시를 의미한다.

생태도시 추구는 도시 공해를 추방하고 도시의 건강성을 찾는 것도 포함되지만, 그보다 도시의 쾌적성을 한 단계 높이는 도시개발기법[6]을 의미한다.

그동안 우리나라 도시계획은 자연 환경과 땅의 특성을 고려하지 않고 서구형 도시계획이 무비판적으로 적용되면서 대도시나 공업도시가 환경오염과 생태계의 파괴 늪으로부터 벗어나지 못하였다.

따라서 본 연구 목적은 이제라도 한국 땅이라는 일정한 정주공간

---

4) 國土의 計劃 및 利用에 關한 法令集 '都市計劃施設의 決定. 構造 및 設置基準에 關한 規則' 제3장 제19조(都市基本計劃의 內容) 1항. 2003 年度 規則.

5) 다음의 책들이 지속 가능한 도시개발의 문제를 집중적으로 다루고 있다.(M.J. Breheny (ed) 1992. Sustainable Development and Urban Form. London ; Pion Limited. ; Peter Nijkamp (ed.) 1990. Sustainability of Urban Systems. Aldershot ; Avebury).

6) Tim Elkin, Duncan McLaren and Mayer Hillman. 1991. Reviving the City : Towards Sustainable Urban Development. London ; Friends of the Earth With the Policy Studies Institute.

에 적용될 수 있는[7] 한국적 도시계획이 중요하다고 보고, 선조들이 생활의 지혜로 이미 활용해 왔던 풍수를 도시계획에 적용시키는 것을 검토하려고 한다.

풍수는 오랜 역사 안에서 자연중심의 삶터를 찾고, 생활 속에서 불편함을 고쳐 쓰던 고려시대의 국역풍수[8], 그리고 조선시대 풍수는 고시과목[9]이었던 청오경, 금낭경, 명산론, 호신순 '지리신법'을

---

7) 金承完, '住宅立地에 대한 風水의 適用可能性에 관한 硏究', 全州大 博士論文, 1999, p.2.
8) 國域風水論이란 文字 그대로 國土에 대한 風水地理的 論議를 말한다. 이 槪念을 定義하는데는 다소 論難의 소지가 있는데 그것은 곧 空間規模의 문제와 직결된다. 或者는 韓半島가 지닌 國土全體의 地德吉凶을 風水的으로 고찰하는 것을 국토풍수라고 定義하고(손정목, "風水地理說이 都邑形成에 미친 影響에 關한 硏究", 「都市問題」8卷 11號, 1973), p.67.
   或者는 國家 全域의 形狀과 地勢를 관찰하여 國家의 吉凶을 알아내는 風水說을 國域風水라고 定義한다.(김득황, 「韓國思想史」8版, 서울 大地文化史, 1978), p.198.
   後者의 경우에 國域風水는 都邑 혹은 國都風水와 같이 특정한 地域을 風水地理的으로 관찰하는 地域風水 및 住宅風水, 墓地風水 등과 區別된다. 그런데 空間規模에 따른 國域風水, 地域風水 등의 區別은 가능한 것 같으나 사실은 이들 모두 한결같이 國土를 對象으로 하고 있다. 따라서 國土風水를 國域風水를 國域風水의 意味만으로 제한할 수 없다. 宮闕造營이나 墓地를 設定할 때에 고려되는 主山이나 案山은 近距離에 있을 수도 있으나 상당한 距離를 두고 眺望되기도 한다. 이는 곧 실제로 집터, 묘터로 이용되는 空間은 좁으나 그 空間이 함축하고 있는 象徵的 意味는 훨씬 더 廣大하다는 것을 뜻한다. 더욱이 胎室의 立地場所를 選定하기 위해 全國土를 踏査한다든가 혹은 名山을 先塋으로 買入하는 경우에 더욱 그러하다. 이는 결국 陰宅風水地理도 엄밀히 말하면 國土風水의 일종이라는 것을 시사한다. 國土風水란 國域風水, 地域風水, 住宅風水, 墓地風水 등을 망라하는, 우리 國土를 對象으로 하는 모든 風水地理的 論議를 의미하며, 그 適用空間規模는 큰 관련성이 없는 것으로 槪念 規定되어 사용되었다.(이몽일, '한국풍수지리사상의 변천과정', 경북대 박사논문, 1990), pp.81~82.

중심으로 추길, 피흉을 찾았던 상지[10] 기술학[11]이다.

풍수는 동아시아 문화와 역사를 이해하는데 중요한 수단으로 보았던 김지하는 '동아시아 고유담론'[12]으로 보기도 했지만, 사실상

---

9) 陰陽科 조선시대 잡과시험의 하나. 천문학·지리학·명과학(命課學)을 공부한 사람을 대상으로 천문·지리·기후·점복 등에 관한 일을 담당할 인원을 뽑기 위해 실시했다. 다른 잡과와 마찬가지로 식년시와 증광시만 있었으며, 전시(殿試) 없이 초시와 복시 2차에 걸쳐 시험을 보았다.

초시는 식년(式年) 전 해 가을에 관상감(觀象監)에서 실시했고, 복시는 관상감이 예조와 함께 실시했다. 1392년(태조 1) 8월 입관보리법(入官補吏法)으로 제정된 7과(科) 가운데 들어 있던 과목이며, 1406년(태종 6) 10학을 설치할 때 음양풍수학으로 합쳐 불렀다.

1466년(세조 12) 1월 관제개정 때 음양학은 명과학, 풍수학은 지리학으로 이름을 바꾸었다. 〈경국대전〉에 의하면 인원은 초시에서 천문학 10명, 지리학 4명, 명과학 4명을, 복시에서 천문학 5명, 지리학 2명, 명과학 2명을 뽑았다. 초시의 시험과목은 천문학의 경우 〈보천가 步天歌〉를 외우게 하고, 〈경국대전〉은 임문고강(臨文考講)시켰으며, 지리학의 경우 〈청오경 靑烏經〉〈금낭경 錦囊經〉은 배강(背講)하게 하고, 〈호순신 胡舜申〉〈명산론 明山論〉〈지리문정 地理門庭〉〈동림조담 洞林照膽〉〈의룡 疑龍〉〈경국대전〉 등은 임문고강하게 했다. 또 명과학의 경우에는 〈원천강 袁天綱〉은 배강하게 하고, 〈극택통서 剋擇通書〉〈범위수 範圍數〉〈응천가 應天歌〉〈서자평 徐子平〉〈경국대전〉은 임문고강하게 했다.

각 과목 성적에 따라 통(通)·약(略)·조(粗)로 채점하여 통은 2분(分), 약은 1분, 조는 반분으로 계산해서 분수가 많은 사람을 뽑았다. 합격자에게는 예조인(禮曹印)이 찍힌 백패를 주었다. 합격자는 일단 관상감의 권지(權知)로 배속되었는데, 1등은 종8품직, 2등은 정9품직, 3등은 종9품직을 주었다. 이미 품계를 가진 자는 그 품계에서 1계를 더 올려주고, 올린 품계가 마땅히 받아야 할 품계와 같을 경우에는 거기서 다시 1계를 올려주었다. 초기에는 대중국관계의 중요성 때문에 잡과 가운데 한어과를 비롯한 역과가 중요시되었으나, 후기에는 음양과를 제일 중히 여겼다.

10) 相地는 땅을 觀察하여 그 性格과 土地의 하중 能力을 評價하는 것.

11) 김일곤, 이재하, 전영권, 황홍섭 공저,「지리학의 이해」법문사, 1998, p.297.

12) 김지하 시인은 '동북아 생명공동체와 새문화의 창조'에서 "동북아 생명공동체, 자연 생태계와의 화해를 근본적으로 실현시키기 위해 새로운

풍수는 당대에 따라 다양한 이론으로 자연질서를 따르고 추구해 온 전통 지리학이다.

고려시대의 경우 풍수는 불교 중심으로 도선국사'13)가 중국풍수를 우리 실정에 맞게 체계화한 '비보풍수(裨補風水)'가 성행했고, 조선시대는 유교 중심의 음택풍수로 '효'를 중시했던 '동기감응론(同氣感應論)'이 유행되었다.

이처럼 풍수는 시대에 따라 '論'과 추구 점은 달랐지만, 공통점은 자연을 중심으로 인간 삶터에 있어서 조화와 상생을 근간에 두고 있다.

풍수가 현대에 들어 다양한 분야에서 실용화하는 데는 여러 어려운 부분이 도출되고 있다. 이것은 비논리 비합리성을 벗어나지 못하고 있는 실정이기 때문이다.

그래서 본 연구는 비논리 비합리적 부분들을 최소화하고, 실생활에 합리적으로 활용될 수 있도록 '자연풍수 조화론·4단 연계법' 14)

과학적 풍수체계를 탐색해야한다. 이것은 동북아에 에코, 에코 타운의 건설등 대안적 생명공동체를 창출하는데 필수적이다"고 말하고, 동아시아 역사와 문화를 이해하는 고유담론으로 봄. 1995년 잡지 '님'

13) 道詵國師(827-898), 新羅 末 僧侶이자 風水地理說의 大家, 興德王 2년에 태어나 일찍이 出家하여 이른바 9산선문 '九山禪門'의 하나인 동리산 '東裏山'파의 개조 '開祖' 혜철(惠徹785-861)선사의 門下에서 선지 '禪旨'를 얻어 그 法을 繼承했다. 文化體育部가 文化人物로'1996年 7月' 選定했다. 裨補風水란 도와서 보충하는 것.

14) 本 論文 硏究者는 '自然風水 調和論·4段 連繫法'은 風水를 自然과 人間의 調和 關係를 合理的으로 接近시키기 위한 하나의 親環境 開發론의 하나로 開發을 앞둔 自然의 目的物을 4段階로 나눠 보는 법이다.
※ 參考 '21세기 지속가능 대상'中 親環境部門 評價 項目인 (綠地·生態·景觀·親水등)과 비슷한 항목에 중점을 두고 '정책입안자, 풍수 및 환경전문가, 지역주민'이 합의로 보존과 개발선택의 방법을 찾는 것이 자연풍수 조화론의 基調.
※ 自然風水 調和論·4段 連繫法이란: '自然-保存-開發-調和'와 '自然-保存-開發-毁損'을 基準하고 目的物을 4段階로 合意하고 進行하는 法.

일명 '자연풍수 조화론'을 제시하여, 이를 신 도시계획에 적용시키려 한다.

이를테면 기존 풍수가 사상과 이론으로 치우쳐 비논리·비합리적으로 실생활에 접근해 왔다면, 보다 객관적이고 합리성을 갖춘 쾌적한 환경[15]을 위한 풍수가 바로 '자연풍수 조화론'이다.

풍수는 그동안 지리학, 역사학, 철학, 건축학, 문화인류학, 민속학, 환경학 혹은 한국학 등 여러 분야에서 시도한 논문들은 적지 않으나, 대부분 접근 방법과 풍수지리설의 구성 파악에 있어서 일면성을 크게 벗어나지 못한 감이 있고, 무엇보다도 방대한 풍수지리설을 다루기에는 양적으로 미진[16]했던 것을 부인할 수 없다.

앞으로 '자연풍수 조화론'을 도시계획에 있어서 보완·적용시켜 나간다면 우리나라 지형과 환경에 맞는 도시계획의 새로운 패러다임의 시도로 볼 수 있으며, 또한 '21세기 지속 가능한 도시' 친 환경부문 평가에서도 한 단계 높여주는 효과를 기대할 수 있다.

이미 조선시대 도시들의 문헌을 보면, 성곽 모양과 성문의 위치, 주산, 안산, 좌청룡 우백호, 배산임수 등 이른바 풍수설에 의해 도읍의 입지와 시가지에 건물 배치 등을 건축물 규모와 높이까지도 계획적으로 통제해[17] 왔다. 이것은 바로 지역 특성을 철저히 고려

---

15) 독일의 데레크 발터스(Derek Walters)가 펴낸 실용풍수서에 의하면, 서양에서 풍수의 관심도는 쾌적한 주거환경, 좋은 인간관계 형성, 육체적·정신적 건강의 강화를 위해서 이용하고 있다고 말하고 있다. 한편 풍수에 관한 외국인들의 저서는 다음과 같다.
 ① Rossbach, Sarah, Feng Shui(New York: Dutton, 1983)
 ② Rossbach, Sarah, Interior Desing with Feng Shui(Now York: Dutton, 1987)
 ③ Walters, Derek, Feng Shui(Now York: Simon and Schuster, 1988)
 ④ Eitel, Ernst E, Feng Shui(Hong Kong, Crawford and Co., 1973)
16) 최창조, 「한국의 풍수사상」민음사, 1994, p.11.

해서 도시계획을 했다는 점이다.

　태조 이성계가 조선을 개국하고 새로운 천도를 계획할 때 풍수상의 길지인 무악(毋岳·현재 연세대 근처), 계룡산을 두고 고민하다가 한양을 수도로 결정하기까지는, 본질적으로 자연과 인간의 삶터를 생활하기가 최적의 공간[18]을 기준에 두고 결정했던 것으로 보여진다.

　본 연구는 도시계획에 있어서 풍수를 적용시켜 지리적, 환경적 특성을 최대한 살려 '환경 좋은 미래의 도시'를 건설하기 위한 방안의 하나로, 현재 건설 중에 있는 충남 계룡 신도시를 '자연풍수 조화론'으로 접근하고 분석해서 긍정적인 결과들을 도출하여 도시계획에 있어서 적용시키려고 한다.

제 2 절　연구 범위와 방법

1. 연구 범위

　풍수는 예로부터 도읍과 취락선정, 묘지에 이르기까지 한국인의 공간문화와 생활에 있어서 직·간접적으로 큰 영향을 미쳐 왔고, 오늘날에도 지리학, 역사학, 조경학, 건축학, 인류학, 행정학, 부동산학 등에 폭넓게 활용되고 있는 실정이며[19] 실질적 측면에도 정

---

17)　경실련 도시개혁센터,「도시계획의 새로운 패러다임」보성각, 2001, p.31.
18)　김일곤, 이재하, 전영권, 황홍섭 공저,「지리학의 이해」법문사, 1998, pp.300~301.
19)　Rossbach, Sarah, Interior Desing with Feng Shui pp.23-28.(New York: Dutton, 1987).

치·행정 및 생활관습에 크게 영향을 미치고 있다.

본 연구는 도시와 관련된 그동안 선행연구들이 제시했던 주택입지, 조경, 공공 건축물[20] 자체에 풍수사상을 적용시킨 것과는 달리, 주변 자연을 보존하기 위해 풍수를 적용해서, 쾌적한 도시를 건설 중인 충남 계룡[21] 신도시에 범위을 한정했다.

---

20) 1990년이후 行政學 및 不動産學을 전공하고 있는 연구자들의 硏究論文으로는 김현승의 '韓國都市計劃에 있어서 風水地理的 이론의 적용에 관한 연구(1990)', 김대은의 '都市計劃에 있어서 풍수지리적 이론의 적용에 관한 연구(1991)', 강환웅의 '부동산가격형성요인으로서의 風水思想에 관한 연구(1991)', 고영민의 '風水地理學을 통하여 본 환경관(1991)', 박규식의 '부동산 감정평가에 미치는 풍수지리적 영향에 관한 연구(1993)', 장철민의 '입지선정이론으로서 風水地理說에 관한 연구(1993)', 왕정기의 '공공건물 立地選定에 있어서 풍수이론 적용에 관한 연구(1994)', 박영묵의 '傳統風水思想과 주거입지에 관한 연구(1995)', 김승완의 '주택입지선정의 風水理論的 고찰(1997)', '주택입지에 대한 풍수적용 可能性에 관한 연구(1999)' 金承完, 전게논문, 全州大學校 博士論文, 1999, p.69.
    김상휘의 '都市立地에 있어 風水地理理論 활용방안에 관한 硏究(2000)', '風水地理에 대한 考察(2002).'

21) 忠淸南道 論山市 北東部 두마면이었으나, 면 단위 행정구역이 1990년 폐지, 鷄龍 出張所 두마지소와 남선지소로 나뉘었음. 서부와 북부는 계룡산 줄기의 천황봉(845m)·황적봉(664m)·향적산(574m) 등으로 둘러싸여 있으며, 이들 산지에서 발원한 두계천이 南東쪽으로 흐른다. 이러한 지형은 풍수지리상 '山太極·水太極'의 형상을 이루고 있으며, 내명당으로 四神砂로 보면 계룡산에서 左靑龍이 선인봉, 右白虎가 국사봉, 北 玄武는 삼불봉, 南 朱雀을 대둔산으로 보며, 외명당으로 보면 좌청룡 관암산(524), 우백호 향적산(574), 안산은 왕대리 왕대산(242)으로 보고 있다'-〈계룡소고, 1991, 계룡출장소〉-
    특히 용동리 일대 신도안은 朝鮮 建國 당시 왕도(王都)로 설정되기도 했던 곳으로, 아직도 당시 궁궐축조에 쓰였던 주춧돌이 남아 있다. 1920-50년대 鄭鑑錄을 신봉하는 新興宗敎團體가 이곳을 활동무대로 이용했으나, 1975년 실시된 鷄龍山自然淨化事業으로 대다수가 다른 지역으로 이전, 분산됐다.
    1989년 3軍 본부가 들어서면서 인구가 급증하여 계룡 출장소를 설치

첫째, 한국 풍수로 범위를 제한하고, 과거에 도시계획에 풍수적용을 해온 서울과 전주의 경우를 사례로 들었다.

둘째, 도시계획에 있어서 풍수를 적용시켜 건설중인 계룡 신도시 지구설정과 건축물배치 및 산세에 범위를 두었다.

셋째, 또한 본 연구는 도시계획에 대한 풍수의 이론적 고찰로 실용화 될 수 있도록 적용의 기본 원칙을 범위에 두었다.

2. 연구 방법

본 연구는 풍수를 도시계획에 적용시켜 우리나라 땅에 맞는 친환경 도시를 만드는데 연구 목적을 두고 그 목적을 실현하기 위해 다음과 같이 연구방법을 설정하였다.

첫째, 도시계획과 풍수에 대한 이론적 고찰에서 친환경 도시계획의 등장과 한국 도시계획의 역사와 풍수가 적용된 한국 도시계획의 사례에 대해 접근하였으며.

둘째, 계룡 신도시 계획에 있어서 풍수가 적용된 사례를 분석하였다.

셋째, 계룡 신도시 계획에 대한 풍수 적용에 관한 설문조사를 공무원과 주민대상으로 실시하였다.

했으며, 鷄龍山國立公園에 속한 지역을 제외한 전지역을 대상으로 신도시를 건설하고 있다.

風水地理를 기초하고 도시계획을 실시해 도시기능을 배분했으며, 남선리 경우는 이미 각종 便宜施設을 갖춘 군인 아파트 단지가 들어서 있다. 두계(豆溪)·왕대(旺垈)·현암(玄巖)·농소(農所)·금암(金巖)·유동(柳洞)·광석(光石)·도곡(道谷)·향한(香汗)·암사(庵寺)·부남(夫南)·정장(丁壯)·석계(石溪)·용동(龍洞)·남선(南仙) 등 15개 동리가 있다. 면적은 60.63㎢, 인구 18,865(1997). 브리태니커, 2000.

제 3 절 선행연구의 검토

도시계획에 있어서 풍수적용에 관한 선행 연구로는 손정목[22]의 '풍수지리설이 도읍형성에 미친 영향에 관한 연구'가 있다. 여기에 서는 도읍의 배치가 철저하게 풍수에 근거하여 입지했다고 한다.

주남철의 '조선시대 주택건축의 공간구성에 관한 연구'와 유재현 의 '혈과 명당의 관계를 통하여 본 한국 전통 건축공간의 중심개념 에 관한 연구'가 있다. 이러한 연구들은 풍수가 도읍, 취락, 주택입 지에만 적용되는 것이 아니라 건축에도 영향을 준다고 하였다.[23] 그리고 박시익의 '풍수지리설 발생배경에 관한 분석연구'에 있어서 풍수와 건축에 있어서 인간의 정신과 육체 등의 성장과 발전을 자 연환경의 조건들과 연관시켜 풍수지리설의 내면적 이론을 그리고, 자연과 인공적 공간이 인격 형성과정에 미치는 영향을 연구했다.[24]

이정덕은 '풍수지리설에 의한 주택배치의 성격 분석에 관한 연구' 에서 주택의 내부배치에 있어 풍수적용을 체계화시키는데 역할 관 계를[25], 박서호는 '풍수사상의 현대지역개발에의 시사성'에서 풍수 가 내포하고 있는 사상들이 국토공간 구조의 윤리적 체계라고 전제 하고 풍수사상에 입각한 시설물 배치, 개명, 조수 등을 망라해 도시

22) 손정목, '풍수지리설이 도읍형성에 미친 영향에 관한 연구', 도시문제, 제8권 11호, 1973.
23) 주남철, '조선시대 주택건축의 공간구성에 관한 연구', 서울대학교 대 학원 건축학과 박사학위논문, 1976; 유재현, '혈과 명당의 관계를 통하 여 본 한국전통 건축공간의 중심개념에 관한 연구', 울산공대 논문집, 제10권 2호, 1979.
24) 박시익, '풍수지리설 발생배경에 관한 분석연구', 고려대학교 대학원 박사학위논문, 1987.
25) 이정덕, '풍수지리설에 의한 주택배치의 성격분석에 관한 연구', 대한 건축학회 춘계학술발표논문, 1984.

행정학에 접목을 시도했다.[26] 이상구는 '도시입지 형태의 연구'에서
조선후기 도시형태를 분석하였다.[27]

김승완[28]의 '주택입지에 대한 풍수의 적용가능성에 관한 연구'에서
풍수가 한국 주택입지에 있어서 중요성을 가지며, 주택의 가격변동에
영향을 미치는 것을 연구하였고, 강선중[29]은 '금계포란형 국면의 마
을공간 구성방법에 관한 연구'에서 풍수에서 말하는 물형 중 닭 형에
서 나오는 금계포란형의 마을공간을 풍수사상으로 연구하였다.

장기웅[30]은 '풍수지리사상과 건축문화의 상관성에 관한 연구'에서
풍수사상이 건축문화에 어떠한 영향을 주고 있는가를, 권영휴[31]는
'한국 전통주거환경의 풍수적 해석 및 입지평가 모델 개발'에서 우
리나라 주거의 다양성을 풍수사상으로 해석해 냈으며, 풍수에서 요
구하고 있는 입지를 제시했다.

권선정[32]은 '풍수의 사회적 구성에 기초한 경관 및 장소해석'에서
풍수사상에 입각한 배산임수, 좌청룡, 우백호의 기준으로 경관과 혈
처를 해석해 냈다.〈표1-1 참조〉

26) 박서호, '풍수사상의 현대지역개발에의 시사성', 청림, 제27집, 1989.
27) 이상구, '조선후기 도시입지형태의 연구', 서울대학교 대학원 박사학위
   논문, 1993.
28) 김승완, '주택입지에 대한 풍수의 적용 가능성에 관한 연구', 전주대학
   교 대학원 박사학위 논문, 1999.
29) 강선중, '금계포란형 국면의 마을공간 구성방법에 관한 연구', 명지대
   학교 대학원, 박사학위 논문, 2000.
30) 장기웅, '풍수지리사상과 건축문화의 상관성에 관한 연구', 경산대학교
   대학원 박사학위논문, 2001.
31) 권영휴, '한국 전통주거환경의 풍수적 해석 및 입지평가모델 개발', 고
   려대학교 대학원 박사학위논문, 2002.
32) 권선정, '풍수의 사회적 구성에 기초한 경관 및 장소 해석', 한국교원
   대학교 대학원, 박사학위논문, 2003.

〈표1-1〉 선행 연구 비교표

이 름	연구논문제목	비교(연구경향)
손정목	풍수지리설이도읍형성에미친영향에 관한 연구(1973)	도읍배치에 풍수를 철저히 근거해 입지하였다.
주남철	조선시대주택건축의공간구성에 관한 연구(1976)	풍수가 도읍, 취락, 주택입지만 적용된 것이 아니라, 건축에도 영향을 주었다.
유재현	혈과 명당의 관계를 통하여본한 국전통건축공간의 중심개념에관한 연구(1979)	
박시익	풍수지리설 발생배경에 관한 분석연구(1987)	자연과 인공적 공간이 인격형성과정에 미치는 영향연구
이정덕	풍수지리설에 의한 주택배치의 성격분석에 관한 연구(1984)	주택내부배치에 있어 풍수적용체계화역할관계
박서호	풍수사상의 현대지역개발에의 시사성(1989)	풍수사상에 입각한 시설물배치, 개명, 조수등 도시행정학 접목시도
이상구	조선후기도시입지형태의연구(1993)	조선후기 도시형태연구
김승완	주택입지에대한 풍수적용가능성에 관한 연구(1999)	주택입지에 있어서 가격변동에 관한 연구
강선중	금계포란형국면의 마을공간 구성방법에 관한 연구(2000)	마을구성법상 금계포란형의 풍수사상연구
장기웅	풍수지리사상과 건축문화의 상관성에 관한 연구(2001)	풍수사상이 건축문화에 어떠한 영향을 주고 있는가연구
권영휴	한국전통주거환경의풍수적해석및 입지평가모델개발(2002)	우리나라 주거의 다양성을 풍수사상으로 해석연구
권선정	풍수의 사회적 구성에 기초한 경관 및 장소해석(2003)	풍수사상에 입각한 경관과 혈,처 해석연구
김상휘	도시계획에 있어서 풍수적용에 관한 연구(2003)	풍수론 근거 도시 시설물·용도설정·바람길·좌향론 연구 (자연풍수조화론 4단 연계법)

　이와 같이 선행연구들은 도시계획에 풍수를 적용하는 문제에 대해서 접근하지 않고 있어, 본 연구는 도시계획에 풍수를 적용, 도시입지와 도시내의 지구설정에 대해 분석하여 '자연풍수 조화론'으로 접근을 시도하였다.

　'자연풍수 조화론'에 의해 계룡 신도시 도시계획을 분석하고 긍정적 측면에서 풍수의 내용들이 도시계획에 적용될 수 있도록 몇 가지 기본원칙도 제시했다.

제 2 장   도시계획과 풍수에 대한 이론적 고찰

　도시는 다양한 사람들이 각기 다른 꿈을 꾸며 사는 공동의 터인 만큼 과학적 기틀을 둔 조화로운 종합예술[33]이다.

　그동안 도시의 공간적 배치와 생활양식은 직장과 가정을 중심으로 이뤄지면서, 이러한 생활들은 도시공간을 분리하게 되는 계기가 되었고, 이동을 규칙적으로 하면서 각기 다른 사회상호작용을 만들어냈다.

　그래서 도심의 공간배치들은 활동하는 주민들에게 직·간접적으로 영향을 주었는데, 이러한 도심 공간배치들이 21세기에 들어 자연적, 인문적 관계성을 다루는 도시계획으로 바꿔가고 있다.

　자연적, 인문적 관계성이란 즉, 자연중심 인간중심을 뜻하는 것으로, 한때 우리나라 도시들이 서구의 기능중심 도시계획에서 나타난 대기오염, 환경오염, 생태계 파괴로부터 벗어나 자연으로 돌아가고 싶다는 것이다.

　이렇게 도시입지와 도심구성에 있어 자연적, 인문적 관계는 자연과 인간이 공존할 수밖에 없는 오래된 이상의 하나가 풍수인데, 이

---

33) 지테(Camillositte),'오스트리아 건축가' 그는 '예술적 원칙에 입각한 도시개발'책에서 도시의 조화성 역설(Staedtebau nachseinen Kuenstlerischen Grundsaetzen,)1889.

는 도시계획과 밀접한 관련을 맺고 있다.

도시는 그 시대의 문화, 제도, 경제력과 과학기술 등을 종합적으로 나타내고 있으므로 그 시대의 종합 예술체[34]라고 정의할 수 있다.

도시계획의 지혜는 오랜 역사를 가지고 발전하여 왔다. 도시계획은 그 시대의 윤리관과 가치관에 따라 정립되므로 옛날의 그것과 현대의 도시계획이 지닌 개념과는 현격한 차이가 있다. 고대도시에 있어서는 신전이나 궁전을 중심으로 그 장엄함이나 위용을 과시하는 데 도시계획 목적의 주안점이 주어졌다.

19세기에 들어서면서부터 도시는 급격한 성장을 보였다. 도시군을 중심으로 하는 도시와 농촌의 기능적 융합을 주제로 하는 지방계획과 미개발지역에 있어서, 자원개발 목적인 치수와 이수를 주축으로 하는 지역개발계획이라는 두 가지 유형의 지역개발계획을 도입하게 되었다.[35]

20세기는 인간환경의 개선을 강력하게 부르짖게 되었으며, 도시계획에서도 공해방지계획의 구체화가 새로운 과제로 등장하며 환경개선대책은 도시계획의 주요한 계획과제로 등장하기에 이르렀다.

21세기 새로운 시기에 직면한 개발 위주의 양적인 계획에서 개발과 보전을 조화시킨 질적인 계획으로, 문제해결형 접근방식에서 구조재편형 접근방식으로, 생산기반 중시계획에서 생활환경 중시계획으로 전환해야 할 필요성이 있다.

정치, 경제, 사회, 환경변화에 적응해야 하는 계획논리와 도시계

---

34) 인간이 창조하고 유산으로 남김 유형, 무형의 문화재와 기술 축적 등은 결과적으로 그 시대의 도시조형체로 나타나게 되므로 그 시대를 나타내는 종합예술체라 할 수 있다. 예로서 교황 Sixtus 5세가 1300년대에 완성한 Rome도시공간 구성의 기본사상 등을 들 수 있다.
35) 황용주, 「도시계획원론」도서출판 녹원, 1986, pp.61~70.

획적 요소들에 대한 종합적인 조정 및 통합들은 21세기를 준비하는 우리나라 도시계획의 새로운 패러다임이 될 것이다.[36]

도시계획이란 도시의 미래를 바람직한 모습으로 만들어가기 위한 의지의 표현이다. 이러한 틀을 가지고 세계 나라들은 도시계획에 입안과정이나 계획의 확정절차들을 도시계획법에 규정하고 있다.

우리나라 역시 1962년에 도시계획법이 제정·시행됐다. 그 후 여러 차례 개정을 거쳐 현대적인 도시계획법으로 발전된 '국토의 계획 및 이용에 관한 법령집[37]으로 체제를 정비하고 시행되고 있다.

'국토의 계획 및 이용에 관한 법령'의 개정에 주목할 대목은 첫째 '지역적 특성 및 계획의 방향 목표에 관한 사항', 그리고 다섯 번째 '환경의 보존 및 관리에 관한 사항', 또한 여섯 번째 '경관에 관한 사항'[38] 여기에서 다섯 번째의 항목인 '환경의 보존 및 관리' '환경 보존'이라는 법조항을 2000년대에 들어 법령화하여 도시계획이 '환경 보존'이라는 방향 틀로 바뀌는 중대한 변천사를 하게 되었다.

그리고 도시계획에 있어서 풍수적용 가능성을 높여주고 있는 항목들은 '지역적 특성 및 계획의 방향 목표에 관한 사항'과 '환경의 보존 및 관리에 관한 사항', '경관에 관한 사항' 등을 들 수 있다.

---

36) 경실련 도시개혁센터, 전게서, pp.25~26.
37) 1962年 制定 公布된 都市計劃法은 수차 改正되었으며 1981年 3月 改正되어 同年 9月 6日자로 施行令이 다시 改正되었다가, 2003年부터 國土의 計劃 및 利用에 관한 法令〈都市計劃施設의 決定·構造 및 設置 基準에 관한 規則〉으로 바꿨다.
38) 2003'國土의 計劃 및 利用에 관한 法令集' 都市基本計劃 제19조(都市 基本計劃의 內容).

제 1 절   친환경적 도시계획

1. 한국도시계획의 변천과정

1) 조선이전시대

부족국가시대에는 도시가 발생되지 않았고, 삼국시대에 들어서 경주는 도시 유형을 형성하였다. 다만 나성이 없이 산지[39]로 둘러 싸여 있었다. 그리고 고려시대는 국역풍수로 국도인 개경을 풍수지 리에 의하여 입지가 선정되었으며 풍수의 도시라 해도 과언이 아닐 만큼 풍수적 조건을 갖춘 도읍으로 도시계획이 이루어졌다.

2) 조선시대

조선의 국도인 한양은 도시선정에서 여러 지역들과 함께 풍수지 리적 입장에서 비교 검토한 후에 선정되었으며,[40] 축성 및 도로건 설과 주거 등에 이르기까지 풍수지리 이론이 활용되었다.

한양의 人口는 5만여명, 도시구역은 16.5㎢(약 500만평)이었다.[41] 도시계획이라고는 하나 당시 건축기술의 미 발달로 고층 건물은 전 무하였는데, 이는 풍수적으로 음양의 조화를 이루기 위한 정책이었 다는 설도 있다.

특히 왕궁보다 높게 건물을 절대 짓지 못하도록 한 것은 권위의 식에 의한 것이고 도로를 직선보다는 곡선으로 한 것은 적의 침입

---

39) 윤정섭, 「도시계획사개론」,문운당, 1987, pp.24～39.
40) 손정목, '풍수지리설이 도읍형성에 미친 영향에 관한 연구', 도시문제,
    1973, pp.57～103.
41) 서울특별시,「도시계획백서」1987, p.10.

을 막기 위한 것이란 설도 있으나, 직과 첨은 살이라 하여 매우 꺼리는 풍수지리에 의한 것이다.

한양은 산으로 둘러싸여 축성공사에 유리하였고, 청계천과 한강이 있어 물의 사용이 용이하였으며, 산이 북쪽에 위치하여 겨울철 북서풍을 막는데 중요한 역할을 하는 등 장풍득수의 풍수지리에 적합하여 입지가 선정되었다.

3) 일제시대

1905년 을사조약이 체결되고 통감부 체제가 되면서 도성과 읍성의 해체와 도로의 확장, 신설, 철도의 부설과 역사의 건설 등에 따라 도시구조는 기반부터 흔들린다. 특히 궁궐을 비롯하여 객사, 문묘와 향교, 관아, 제사건축 등 도시의 골격을 이루는 전통적이고 상징적인 건물들이 해체되었다. 그리고 이를 대신하여 이질적인 건물이 들어서면서 도시질서는 급속히 와해되기에 이르렀다.

결국 일부 도시 또는 도시의 일부를 제외하고는 전통적인 도시의 모습이 사라지게 되었다. 우리나라 도시가 한국적인 특성을 잃게 되는 직접적인 원인이 되었다.

일제의 경성부계획은 대륙침략의 거점으로 삼기 위한 개발계획이 있었으며 계획방법, 절차에 있어 관제계획의 특성을 갖고 있다.

도시개발비용을 조달하기 위해 세제를 도입했으며, 토지사용령(1911년)을 제정하고 현재의 도시계획의 시작이라 할 수 있는 조선시가지 계획령(1934년)을 제정하고 일제후기에 30년 장기계획을 1935년에 채택해서 계획인구를 추계하여 가로망을 확장 계획한 것은 해방 후 우리나라 도시종합건설[42]에 참고가 되었다.

---

42) 서울특별시, '도시계획연혁', p.53, 1987.

서울 도성의 성벽은 1907년부터 철거되기 시작하였다. 일본 황태자의 한국 방문을 계기로 남대문의 북쪽 성벽을 철거하기 시작하여 이듬해에는 동대문 북쪽과 남쪽의 다섯 칸 수문을 해체하고 서소문과 남대문 부근의 성벽을 완전히 제거했다.

성벽 철거로 생긴 많은 석재는 저습지를 매립하는 데 사용하였다. 또한 성벽의 철거로 생긴 공터와 매립지는 대부분 일본인들에게 불하되어 일본인들의 경제 거점 마련에 중요한 몫을 했다. 성벽을 헌 자리에는 간선도로를 확장 또는 신설하였다. 성벽의 해체는 합방 이후에도 계속되었고 결국 도시의 틀을 결정적으로 바꾸어 한국의 도시 구조43)에 큰 영향을 끼쳤다.

이러한 상황은 지방의 도시에서도 마찬가지로 진행되었다. 지방의 도시들은 읍성 안에 객사와 관아를 중심으로 이루어졌다. 객사는 지방의 모든 고을에 설치된 건물로 향궐망배의 기능을 지닌 조선시대 지방도시의 상징적인 건물이다.

합방 후 객사와 향교는 대부분 초등과정의 학교로 전용되었으며, 새로운 교사를 짓는다는 명목아래 옛 건물들은 점차 철거되었다. 사직단을 비롯한 제사건물도 모두 철폐되었다. 그 결과 1920년경에 이르면 대부분의 지방도시가 전통적인 틀을 잃고 전혀 다른 모습으로 바뀐다.44)

철도는 1899년 처음으로 인천과 노량진을 잇는 노선이 개통되고 철도의 부설은 도성과 읍성의 해체, 도로의 신설·확장과 함께 전통 도시의 해체에 결정적인 역할을 했다. 서울과 지방도시의 철도는 대부분 기존의 도심에서 떨어진 도시외곽을 통과했다. 그러나 철도 역사는 도시 안에 새로 만들어진 중심 도로망과 연결되었고,

---

43) 신영훈·이상해·김도경, 「우리건축100년」현암사, 2001, pp.128~129.
44) 신영훈·이상해·김도경, 상게서, pp.129~130.

그 건설로 인해 역 주변은 기존의 도심과는 별도의 새로운 도시중심을 형성해 갔다. 따라서 철도가 통과하는 도시는 철도 역사의 건설과 함께 기존의 도시구조가 해체되면서 전혀 새로운 분위기로 변화해 갔다.

철도부설에 따라 도시의 성쇠가 엇갈리기도 했다. 철도가 통과하지 않음으로써 기존의 대도시가 급격히 위축되는가 하면 반대로 철도부설과 함께 신흥대도시가 생겨나기도 했다. 충남 공주와 대전을 대표적인 예로 들 수 있다.

한가한 촌락이었던 대전은 경부선과 호남선의 분기점에 위치하면서 새로운 도시로 부상하였다. 반대로 공주는 급격히 쇠락하였고, 도청 소재지도 공주에서 대전으로 바꿨다.

새로이 조성된 도시인만큼 대전을 통해 철도역사의 건설과 관련하여 신도시 건설에 대한 일본인의 의도를 비교적 분명하게 파악할 수 있다. 일본인들은 대전의 도로망을 격자형으로 계획하면서 새로이 건설한 철도역사와 도청청사를 중심으로 도시의 중심축이 되는 도로를 설정했다.[45]

4) 현대의 도시계획

우리나라는 1962년 도시계획법의 제정을 계기로 도시계획의 전환점을 이루었다. 그후 국토건설종합계획법 등이 제정되었으나 경험부족과 획일적 행정자세로 많은 오류를 범했다. 따라서 이제는 합리적이고 미래지향적인 도시계획과 그 실행이 이루어져할 필요가 있다.

예측의 정확성 특히 토지수요의 예측 '예컨대 자동차의 급증에 의한 도로시설의 수요량, 인구급증에 대한 주택공급량 및 이를 충

---

45) 신영훈 · 이상해 · 김도경, 상게서, pp.138~140.

당할 대지 수요량, 수도권내의 공장 부지수요량 등'을 정확하게 예
측하여 이에 대응하는 계획을 수립해야 하며, 자료분석의 결여, 실
천계획의 미비, 재원확보 등의 취약성46)등을 극복해야 나가야 한다.

과거 도시계획에는 토목, 건축기사들이 주축을 이루고 주로 토지
이용 도면제작(Map-making) 과정이 도시계획인양 간주되어 왔으
나, 여기에는 도시성장에 미치는 요인의 상호작용분석과 장래 예측
에 대한 연구가 결여되어있다. 도시계획은 단편적 계획이 아니라
차원 높은 종합계획이어야 한다.

한국의 도시는 그동안 인구증가에 따라 도로확장, 주거지역의 확
대, 업무용 건물의 대형화, 고층아파트에 의한 주택문제 해결시도
등을 도시계획에서 수용하지 않을 수 없었다.

이러한 모습들이 한국도시의 현 상황이다. 따라서, 한국적인 쾌적
한 환경도시로 탄생되기 위해서는 자연환경을 중심에 두고 도시계
획을 실행할 필요가 있다.

2. 친환경적 도시계획 개념 및 특징

친환경적 도시계획은 환경친화적인 도시계획을 의미하며, 지속가
능한 개발(sustainable development)과 관련이 있다.

1970년대 지구자원의 고갈과 환경파괴의 심각성을 예측한 '성장의
한계'라는 로마보고서 발간 이후 경제성장과 생태적 지속성간의 갈
등이 지속되어 왔다. 국제사회 최초의 공식적인 노력의 일환으로
1972년 스톡홀름 UN인간환경회의(UN Conference on Human and
Environment)에서 UN인간환경선언이 채택되었다. 이를 실행하기

---

46) 김원, 「도시행정론」박영사, 1987, p.398.

위하여 UN환경기구(UNEP)가 설치되었다. 이 선언에서 생태학적 개발이라는 개념을 도입하여, 지역의 생태계의 파괴 없이 지역적 자원과 주민의 참여에 의한 자립적인 경제발전을 주장하였다. Sachs(1974)는 개발을 지향하는 가치가 물질적인 성장위주에서 보다 다원화된 가치를 지니게 되었으며, 이 중에서 환경이 중요한 가치가 되어야 함을 강조하고 있다. 모든 개발에서는 자연자원, 에너지, 인간과 발전 등 환경문제가 포함[47]되어야 하는 것으로 보고 있다.

지속가능한 개발이란 경제성장을 위해 지역이 지니고 있는 환경자원을 이용하는데 이를 고갈시키지 않고 계속하여 활용될 수 있도록 함으로서 현재의 필요뿐만 아니라 다음 세대의 필요에도 활용될 수 있도록 하는 것을 의미한다. 지속가능한 개발지역이란 환경용량을 고려한 개발방식으로 현재 필요에 의한 개발행위가 후손들의 필요에 의한 개발을 저해하지 않는 개발을 의미한다. 세계경제발전위원회(WCED, World Commission on economic Development, 1987)의 부란트 보고서에 의하면, 지속가능한 개발(sustainable development)은 현세대를 위한 개발이 미래 세대들의 욕구를 저해하지 않는 개발[48]을 의미한다고 한다.

친환경 및 지속가능한 개발전략은 발전의 의미와 가치의 전환이 전제된 개발전략이다. 지속 가능한 지역개발전략은 지역개발정책의

---

47) 고병호, '지역개발이론의 체계적 접근과 새로운 패러다임의 형성에 관한 연구', 한국지역개발학회지, 제6권, 제2호, 1994, pp.87~124. 김용웅, 「지역개발론」법문사, 재인용, 2001, p.224.

48) The Brundtland Report(WECD, 1987) states that "sustainable development is development that meets the needs of the present without compromising the ability of future generations to meet their own needs"(Breheny. M. J. "Sustainable Development and Urban Form: An Intorduction", In Breheny, M. J., ed., Sustainable Development and Urban Form, Pion Ltd., 1992, (1-23), 김용웅,「지역개발론」법문사, 1999, p.225, 재인용.

수립에 있어서 경제와 환경적 접근을 통합시킴으로써 ① 자원이용
활동간의 마찰을 최소화하고, ② 사회경제적 기회(생산성의 극대
화)를 증진하며, ③ 미래세대의 이익을 위하여 환경자산을 물려주
는 것[49]이 필요하다.

지속 가능한 개발은 인구의 증가와 성장이 생태계의 수용능력의
한계 내에서 조화를 이룰 때 추구될 수 있는데, 그 한계는 자원탐
사, 기술개발방향, 투자의 조정, 제도의 변화 등을 통해 달라질 수
있음을 의미한다.

1992년 브라질 리우에서 개최된 환경과 개발에 관한 유엔회의에서
채택 된 리우선언 제 1조는 "인간을 중심으로 지속 가능한 개발이
논의되어야 한다면서 인간은 자연과 조화를 이룬 건강하고 생산적인
삶을 향유하여야 한다"는 것을 주장하였다. 이런 지속 가능한 개발논
리에 의해 수립되는 도시계획을 친환경적 도시계획이라 할 수 있다.

제 2 절 친환경적 도시계획을 위한 풍수의 접근

1. 택지법

풍수의 4가지 기본구성 요소 즉 산, 수, 방위, 사람(人)과 관련된
상지법으로 간룡법, 장풍법, 득수법, 정혈법, 좌향론, 형국론 등으로
나누어 볼 수 있다.

---

49) Nijkamp, P., Lasschuit, P.& F. Soeteman, "Sustainable Development
in a Regional System", In M.J. Breheny, (ed.), *Sustainable Develo-
pment and Urban Form*, London-Pion, Ltd., p.40 1992, 김용웅,「지역
개발론」법문사, 1999, p.225, 재인용.

이것은 풍수설에 있어서 길지를 고를 때 기본적 조건이 되는 구성 요소로 산, 수, 방위 세 가지로 길흉 및 조합[50]에 의해 성립된다.

풍수 접근법은 결국 용도에 맞는 땅을 선택하는 일, 그리고 선택 된 땅을 용도에 맞게 잘 활용하는데 있다.

그러면 땅을 선택하는 택지법의 기준은 무엇이며, 어떤 기준으로 지금까지 활용을 해왔는가.

우리나라 택지법은 음, 양택의 차원을 넘어 주자의 산릉의장(산 릉의장)을 지금까지도 풍수지리에서 금과 옥조처럼 여겨지며 인용 되어 왔다.

주자는 '산릉의장'에서 '풍수의 핵심은 산세의 아름답고 추함에 있다'고 주장하면서 '성씨에 따라 들어갈 묏자리가 있고 들어가서는 안 될 묏자리가 있다'는 오류를 반박했다.

이래서 주자의 '산릉의장'은 자주 인용되는 글일 뿐만 아니라 그 후 중국과 조선 풍수지리에 관한 일종의 지침서가 되었으며 심지어 조정에서도 풍수를 논할 때마다 주자의 글이 언급될 정도로 중요한 글이 되었다.

주자의 음택 풍수관을 정리하면, 현재 문제가 되고 있는 동기감 응설을 인정하고 있다는 점, 두 번째 땅을 고르는 방법에서 있어서 두 가지 방법으로 택지와 복서(조선초 한양정도과정에서 사용되기 도 하는데 그 이후 거의 쓰여지지 않았음)이다. 또한 택지법에 있 어서 '자치통감'이란 저서로 잘 알려진 사마광의 풍수론인데, 조선 조 풍수논쟁 때마다 사마광이 거론되기도 했다.

중국 성리학자의 풍수관은 조선 왕조와 사대부에 의해 수용되게 되는데, 조선 선조 임금 때 대신 유성룡의 문집에 나타난 풍수론을

---

50) 崔重斗, 「風水地理學原論」佛敎出版社, 1983, p.42.

통해 당대 풍수지리 모습을 살필 수 있는데 우선 그 원문의 일부를 소개하면 다음과 같다.

　　"至朱子論擇地則以主勢之强弱穴道之偏正風氣之聚散水土之淺深力量之全否爲言雖郭李之說亦不外此特不用某山某水可公可候之說耳嗚呼擇地本欲保安亡者耳遽及於生人之禍福己非孝子之用心何暇論其理之有無耶宜先儒之棄而不取也然彼安則此安亦有不可盡誣者矣"[51]

　서애는 주자의 풍수관을 그대로 수용하여 다음과 같이 후손들에게 풍수공부 방법을 알려 주고 있었다.

1. 용(내룡)의 강약(주세지강약) : 간룡법.
2. 혈장의 반듯 여부(혈도지편정) : 정혈법.
3. 사방의 산들이 잘 에워싸고 있어 기를 모을 수 있는가 여부 (풍기지취산) : 장풍법.
4. 물과 흙의 깊고 얕음 여부(수토지천심) : 득수법.
5. 전체적인 형세의 균형과 조화 및 그 역량의 온전 여부(력량지 전부) : 물형론/형국론.
6. 오행의 생왕쇠극론을 바탕으로 하는 이기론은 취하지 않는다.
7. 조상의 유골이 편안하면 후손이 편안하다는 말은 거짓이 아니다.

　결국 유성룡의 글은 주자나, 정자의 내용을 그대로 수용한 것으로, 풍수의 접근법에서 택지법의 기준은 주자의 '산릉의 장'을 근거한 유성룡의 '진종록서'에 근거를 두고 있다.

---

51) 西厓文集,愼終錄序.

2. 공간배치

풍수지리의 공간구성에서 보면 풍수지리의 체계와 용어가 너무 복잡하다. 그러나 실제로 땅을 보는 데는 그것이 모두 필요하지는 않다. 전통적인 풍수의 공간 개념으로 방향 혹은 좌향의 기준점을 말할 때는 산에 등을 대고 있는 것이 배산이라고 하고 그를 기준하여 전후좌우를 이야기한다. 풍수에서는 산에 등을 대고 왼쪽, 오른쪽을 말한다.

풍수 기본용어에서 혈에는 사람이 살집을 짓거나, 무덤을 쓴다. 도성의 경우 임금이 머무르는 궁궐이다.

청룡은 혈의 왼쪽 산이며, 백호는 혈의 오른쪽 산이다. 안산은 혈 앞쪽의 산을 말하며, 주산은 혈 뒤쪽의 산, 내룡은 혈과 주산 사이에 이어지는 산능선, 합수는 파구라고도 하며 혈 앞에 두 물이 합해지는 점을 뜻한다.

풍수공간의 현대적 의의를 보면 다음과 같이 세 가지 공간으로 이루어진다.

1) 주거 및 활동공간: 풍수지리 전문용어로는 혈에 해당되는 공간이며, 묘지풍수의 경우 시신이 묻히는 자리이며, 주택의 경우 안채가 들어서는 곳, 도읍지의 경우 궁궐이 들어서는 곳이다.

2) 생산공간: 무덤이나 마을 및 전통 소도시에서는 주로 논과 밭으로 활용되는 공간이다. 엄밀하게 풍수용어로 표현하면 이 부분을 '명당'이라 부른다. 사찰의 경우 대개 깊은 산 속에 있거나, 혹은 사방이 산으로 둘러싸여 있기 때문에 생산공간에 해당되는 명당이 거의 없거나 협소하다. 그러나 사찰의 경우 직접 생산활동을 하면서 생활을 꾸려나가는 것이 아니므로 명당이 없거나 협소하다고 하여 좋은 땅이 안 되는 것은 아니다.

3) 방어공간: 방어공간이란 주거공간과 생산공간을 감싸주고 보호해 주는 주변의 산 혹은 물을 말한다. 진산(혹은 주산)과 청룡, 백호, 안산, 조산, 객수 등이 여기에 해당된다.

이러한 주변 산들을 포괄하여 풍수지리에서는 사라고 부른다. 사의 중요성은 특히 평야지방보다는 산간지방에서 강조된다.

이렇게 세 가지 공간, 즉 주거공간, 생산공간, 방어공간이 조화롭게 이루어진 것을 길지라고 부른다.[52]

풍수에서 공간 배치법은 땅에 대한 용도를 결정한 후 선정된 입지에 대한 공간구조 배치를 '동양고유의 합리성'(음양, 오행, 팔괘 및 풍수 고유의 논리)에 따라 정하는 것이다.

3. 비보진압(자생풍수)

풍수지리는 전 국토를 유기체로 본다. 그래서 용도에 맞지 않는 어떤 땅이 있을 경우 용도에 맞게 고쳐 쓰는 것을 택한다.

비보풍수의 흔적은 돌탑쌓기(조산), 당간, 사찰, 불상, 연못, 남근석, 장승, 정자 등에서 찾아볼 수 있다. 특히 이것은 요즈음 들어 이해와 관심의 대상이 되고 있는 문화유산 이해와도 밀접한 관계를 맺고 있다. 풍수지리를 이해하지 않고서는 그러한 다양한 문화유산을 올바로 이해할 수 없을 지도 모른다.

이와 같은 비보풍수적 형태에는 일정한 원칙이 있다. 화기가 강한 곳에는 연못을 파고, 앞이 허한 곳에는 나무를 심거나 돌탑을 쌓는 등 다양한 형태로 나타난다. 그래서 풍수가 땅에 접근하는 데는 세 가지 개념으로 요약할 수 있다. 첫째는 땅의 기를 살펴 그에

---

52) 김두규, 「우리 풍수 이야기」 북 하우스, 2003, p.24~35.

걸맞는 용도를 결정하는 것, 둘째, 선정된 땅에 건축물을 세울 때
공간배치를 풍수적 원리에 따르는 것, 셋째, 뭔가 부족함이 있을 때
땅을 고쳐 쓰는 비보진압 풍수에 따르는 것이다.[53]

　풍수에 대한 접근개념을 택지법, 공간배치법 두 가지로 압축하면
서양의 건축학이나 인테리어와 다를 것이 없다. 풍수는 이보다 더
포괄적 개념이다. 즉 이와 같은 첫 번째, 두 번째 행위를 통해 심리
적 및 생리적으로 피흉추길(피흉추길)하려는 적극적 노력까지가 풍
수의 개념에 해당되며 비보진압법의 경우는 잘못된 부분을 고쳐 쓰
고, 허한 부분을 실제적, 심리적으로 보충하는 것으로 그것을 도표
화하면 다음과 같다.[54]〈표2-1 참조〉

〈표2-1〉 김두규 우리풍수 이야기, 북하우스, 2003, p46. 자료

```
풍수와 문화유산 ┬ 돌  탑(석탑: 익산 왕궁오층석탑)
             ├ 남근석, (정읍 원백암 남근석...)
             ├ 장  승(맥을 잇거나, 경계의 의미. 전북 고창 아산 반암.
             │      전국의 '장승백이'에 박힌 장승들)
             ├ 조  산(전국의 마을 지명가운데 조산인 곳의 대부분)
             ├ 서낭당
             ├ 동  수(洞藪)
             ├ 당산나무
             ├ 누  각(순천 선암사 강선루...)
             ├ 정  자(전북 순창 진산 8부 능선의 정자...)
             ├ 당  간(나주, 담양의 석당간...)
             ├ 비보 및 진압사찰(여주 신륵사, 순천 도선암/향림사...)
             ├ 글  자(예: 興仁之門의 之, 崇禮門의 禮...)
             ├ 사  당(묘: 예 동대문 동묘)
             ├ 연  못(마이산 금당지...)
             └ 석  상(광화문 해태상, 창원 성주사 해태상, 돼지상....)
```

---

53) 김두규, 상게서, p.19.
54) 김두규, 상게서, p.46.

제 3 절 풍수를 적용한 도시계획의 역사적 사례

도시계획에서 풍수적용이란 첫 번째가 땅에 대한 관심이고, 두 번째가 그 바탕 위에 기능적 배치로 자연과 조화를 이루는 것이다.

하지만 그러한 도시계획도 시대의 흐름에 따라 변화를 보였는데, 전쟁이 빈번하던 시대는 자연요새를 이용한 군사요충지와 성곽축성이 발달하였고, 평상시는 지형지세 및 수질보호를 위한 도시계획을 하였다.

또한 서울의 경우는 장풍득수로 바람을 막고 물이 흐르는 사대문 밖은 대부분 생산적 터로 자연스럽게 상권을 유치하기도 했다.

1. 서울의 경우[55]

서울은 이중환이 말하는 풍수적 요건을 두루 갖추었다고 할 만한

---

[55] 대한민국의 수도를 '서울'이라고 부르기 시작한 것은 정확하게 1946년 8월 15일 이후의 일이다(광복 1주년, 서울시헌장). 서울이라는 이름이 옛 신라의 국호, 서벌(徐伐)·서라벌(徐羅伐)에서 유래된 것이라는 데 는 사계의 異論이 없으나 막상 서울이 무엇을 의미하는지 그 어원에 관해서는 이론이 분분하다.

'서울' 이전의 서울은 경성부였다. 물론 일제가 우리나라를 합방한 경술국치(庚戌國恥, 1910. 8. 29) 한달 이후의 일이다. 그리고 경성부 이전에 서울의 공식 명칭은 이성계가 고려의 왕도인 개성(開城)에 정을 붙일 수가 없어 신도궁궐조성도감(新都宮闕造成都監)을 설치하고 천도를 감행한 후, 태조 4년(1395) 6월 6일자로 선포한 서울의 이름이다. 그러니까 한성부라는 이름이야말로 515년간 변함없이 유지되었던 가장 오래된 서울의 공식 명칭이었다.

한성부 이전의 명칭은 한양(漢陽)이었다. 한양은 고려조에서는 수도(中京)인 개성, 서경(西京)인 평양, 동경(東京)인 경주와 함께 4대 도시로서 이름이 높았다. 김용옥,「도올의 淸溪川 이야기」통나무, 2003, pp.39~41.

곳이다. 이익은 '성호사설'에 서울의 풍수지리적 특징을 다음과 같
이 기록했다.

서울의 산맥은 백두산에서 남으로 뻗어 나온 큰 줄기가 철령에서
나뉘어 그 남쪽 가닥이 금강산과 오대산을 거쳐 태백산, 소백산에
서 등줄기를 이루고, 다시 한강 남쪽으로 뻗어 올라가 바닷가에서
그쳤다. 산맥이 또 바다를 건너 강화도의 나성이 되어 범위가 크고
조그만 기운도 누설되지 않도록 산세가 짜여 있다.

또 한강 남쪽의 산맥은 속리산에서 뻗어 나와 모두 서울을 향해
머리 숙여 조회하고 있는 듯하다. 그리고 한강은 오대산에서 발원
하여 네 고을을 거쳐 거꾸로 흐르다가 소양강과 양수리에서 만나
삼각산을 둘러서 서해로 흘러 들어간다.[56)]

이처럼 이익은 서울이 풍수지리적으로 어디 하나 흠잡을 데 없이
꼭 짜인 곳이라고 감탄해 마지않았다. 이중환도 '택리지'에서 동, 남,
북 세 방위가 모두 큰 강이고, 서쪽은 바다로 통하니, 서울은 여러
강이 모이고 서로 얽힌 사이에 자리잡은 전국 산수의 정기가 모인
곳이라고 했다.

고산자 김정호도 '대동여지전도'의 발문에서 한양은 주나라의 낙
양과 같고, 동서의 관문인 삼경(개성, 평양, 경주)에 비할 바가 아
니라며, 서울의 지세에 대해 찬사를 아끼지 않았다.[57)]

이것을 다시 五行의 원리에 맞추어 설명하면 이렇다. 서울은 木
火土金水 五行 중 土에 해당하는, 동서남북의 중앙에 위치한 형세
라는 것이다. 즉 "나무는 태우면 불이 일어나고(木生火), 불에 탄재
는 흙이 되고(火生土), 흙 속에서 쇠가 나오고(土生金), 쇠가 불에
녹아 물을 만들고(金生水), 물은 나무를 자라게 한다(水生木)."고

---

56) 「성호사설」권3, 천지문 한도조.
57) 정종수,「풍수로 보는 우리 문화 이야기」웅진닷컴, 2000, pp.100~102.

하는 상생무궁의 대길지가 바로 서울이라는 것이다.

이를 서울의 지형에 맞춰 살펴보면 북악 백악, 면악, 공극산으로
도 불림'은 서울의 주산으로, 북쪽의 현무가 된다. 주산인 북 백악
을 중심으로 동쪽의 낙산은 좌청룡이 되어 동쪽을 막아준다. 낙산
은 낙타처럼 생겼다 해서 낙타산이라고 불리기도 하는데, 높이가
111m로 서울을 둘러싸고 있는 산 중 가장 낮은 산이다. 지금은 산
중턱까지 아파트가 들어섰고, 동숭동 대학로 뒤쪽을 따라 이어져
있다. 그 끝자락이 동대문 부근의 이화여대 부속병원이다. 서쪽의
인왕산은 우백호로 필운, 서산이라고도 한다. 남쪽의 남산은 안산으
로 곧 남주작이 된다. 이렇게 북악·낙산·인왕산·남산이 서울의
사신사로서 내사산을 이룬다.

이처럼 북악, 낙산, 인왕산, 남산 등의 내사산으로 둘러싸여 있고,
이 내사산을 연결하여 성을 쌓아 도성 사이사이에 문을 설치하여
출입토록 했다.〈그림2-1 참조〉

또 북쪽으로는 서울의 진산인 북한산, 동쪽으로는 면목동 쪽의
용마산, 서쪽으로는 고양 및 김포군의 경계가 되는 행주의 덕양산,
남쪽으로는 과천의 관악산이 외사산을 이루며 도성을 겹으로 둘러
싸고 있다.

그리고 서울은 더 넓게 보아 동으로는 양주의 계양산, 서로는 부
평의 북악산, 북으로는 적성의 감악산, 남으로는 과천의 관악산 등
네 산이 중심을[58] 갖추고 있다.〈그림2-2 참조〉

---

58) 정종수, 상게서, pp.107~109

〈그림2-1〉 서울성곽도

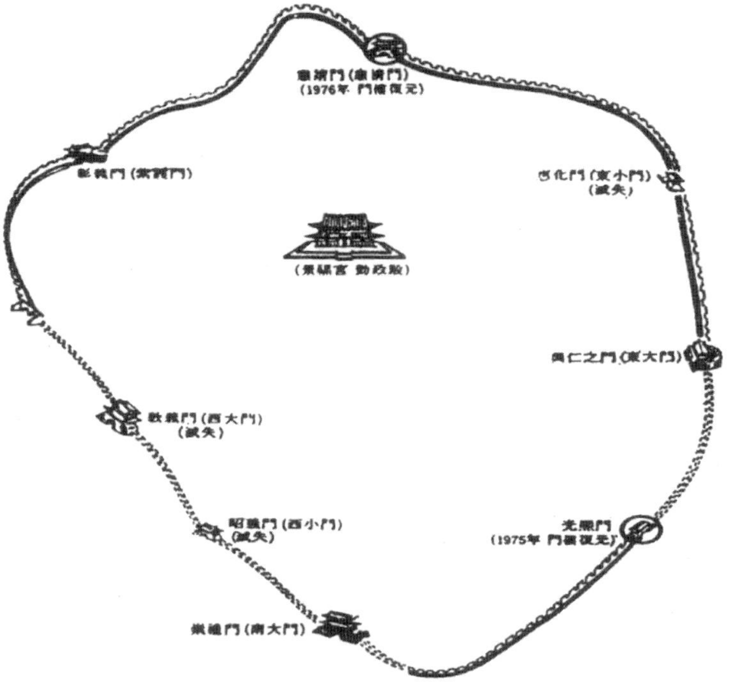

〈최창조, 한국의 풍수사상, 민음사, 1984, p.230. 그림 4-4 자료 인용〉

서울의 도시계획은 주로 도성 내에 국한하여 설계되었다. 도성을 출입할 수 있는 대문이 동서남북에 만들어졌고 대문 사이에 소문을 두었다.

사람과 우마차가 통행하는 도로는 타원형 시가지의 장축에 해당하는 위치에 건설하고 그 다음 단축에 해당하는 위치에 건설하였다.

그러나 북쪽과 남쪽은 산이 가로막고 있으므로 남대문의 위치를 남서쪽으로 두게 되니 도로의 방향도 달라질 수밖에 없었다. 북대문은 풍수상의 이유와 지형적 제약으로 거의 사용되지 않았다. 이들 대문을 연결하는 도로가 종로와 남대문 길이다.

〈그림2-2〉 서울의 내사산과 외사산

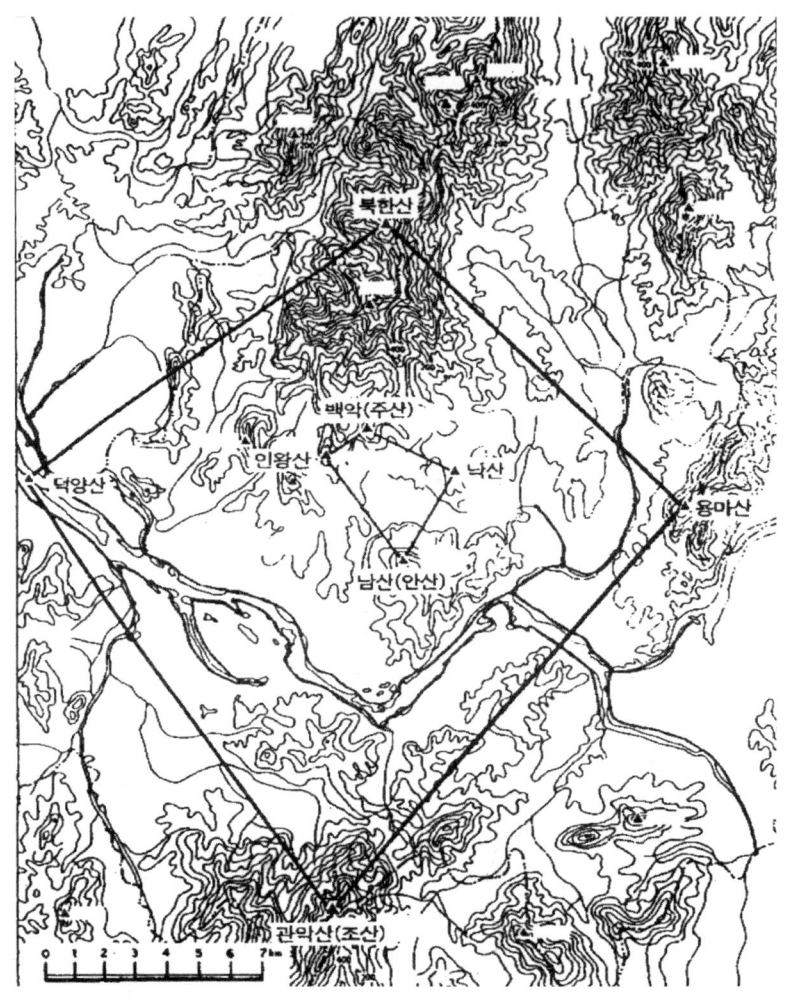

〈정종수, 풍수로 보는 우리문화이야기, 1999, p108, 자료, 인용〉

서울의 내사산과 외사산; 서울은 낙산 '좌청룡', 인왕산 '우백호',
백악 '북현무', 남산 '남주작'의 내사산과 북한산, 용마산, 곽악산, 덕양산의 외사산으로 둘러싸인 천하명당이다.

종로는 타원형상의 장축에 해당하고 남대문로는 단축에 해당한다. 다만 남대문로는 청계천 지류를 따라 굽어졌는데, 이는 가능한 하천을 가로지르지 않도록 하여 교량을 적게 건설하기 위한 방책이었다.

교량은 건설비와 공사기간을 고려할 때 적을수록 유리하기 때문이다. 이와 같은 도성 내부의 틀이 짜여진 상태에서 좌묘우사 전조후시의 원칙이 적용되었다. 이들 기반시설은 무려 70-80년이나 걸쳐서 완성된 것이었으니, 이는 실로 정성과 끈기로 이룩한 도시건설이었다.

그 후 서울은 임진왜란·병자호란 등의 전란을 겪으면서 많은 변화가 있었다. 우선 첫째는 활발한 토목사업과 건축공사로 도시의 물리적인 모습이 달라지게 되었다.

경희궁을 비롯하여 균역청·규장각 등의 새로운 건물이 1680-1780년까지의 100년간에 걸쳐 준공되고 도성과 북한산성의 수축과 청계천 준설도 1700-1760년까지 대대적으로 추진되었다.

이와 같은 공공건물의 신축과 더불어 민간건물의 신축과 증축도 성행하였다.

둘째는 반상이 계급에 관계없이 모든 주민들이 조금씩 자아를 각성하기 시작했다는 점이다.

부분적이나마 신분제도가 붕괴되기 시작하였고, 비록 소수이기는 하나 시민층이 형성되어 가고 있었다. 그와 같은 움직임을 주도한 것은 물론 실학자들이었다.

셋째는 제조업과 상업의 발달을 들 수 있다. 제조업의 발달은 관장제가 사장제로 바뀐 것에 기인하고, 상업의 발달은 독점권을 가진 특권상인에 도전하는 일반상인의 활동이 신장되었기 때문이다.

넷째는 서강·마포·용산·두모포(옥수동)·송파 등의 한강변 포구에 중견상인 계급이 자생하여 크게 번창한 결과 한강변에 비교적 큰 규모의 취락중심지가 입지하게 되었다.

도성 밖의 인구가 증가함에 따라 벌목, 벌석을 금지하는 금산의 범위를 확대하기에 이르렀다. 영조때 확장된 사산금표의 범위는 서울의 행정구역인 성저십리를 포함하는 지역까지 넓어졌다.

금산의 범위가 확장된 것은 서울의 산줄기 일대가 주민들에 의해 훼손되고 있었기 때문이며, 이를 제도적으로 보호하지 않으면 안 될 정도로 도성 밖에 인공적 시설물들이 들어서고 있었음을 뜻하는 것이다.

이와 같이 인구가 약간의 증가에 머물렀던 사실과 함께 주목되는 것은 서울의 행정구역이 20세기 초의 그것과 비교해 볼 때 거의 변동이 없다는 점이다.

고려의 개성부제도를 모방한 한성부제도는 조선 초기부터 말기까지 큰 변동 없이 계속되었다. 행정구역의 틀은 5부제도가 채택되었는데, 5부는 다시 52방으로 분할되어 동부 12방, 남부 11방, 서부 11방, 북부 10방, 중부 8방이 설치되었다.

〈그림2-3〉 조선말 서울의 지역구조,

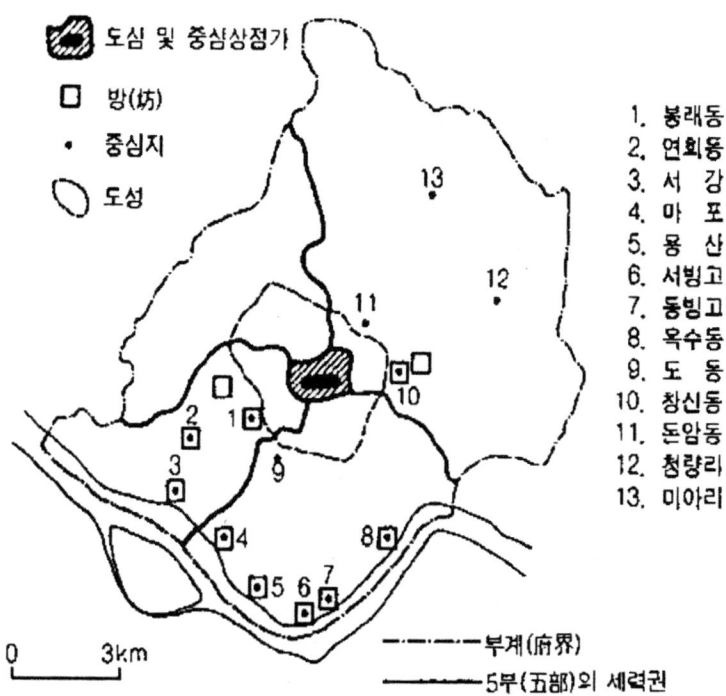

<남영우, 서태열, 도시와국토, 법문사, 1988, p.324. 그림 4-27 자료 인용〉

또한 방의 하부조직으로서 계를 두어 1867년의 한성5부는 47방 340계를 두게 되었다. 오늘날의 행정구역과 대비하면 부가구에 해당되며 방이 동, 계가 번지에 해당된다.〈그림2-3 참조〉

취락중심지는 그 대부분이 방의 설치장소와 일치한다. 조선왕조실록(세조)에는 방의 입지에 관하여 지역간 교류가 원활하게 행해지도록 각 부로부터의 접근성을 고려하여 방을 설치한 것으로 기록되어 있다.

서울의 내부구조에서 보이는 특징은 도성과 성저십리를 불문하고 지역분화현상이 뚜렷하다는 점이다.

특히 도성은 비교적 엄격한 사회적 신분에 따른 주거지 분화가 존재하고 있었다. 북쪽 산록은 귀족계급의 주거지였고 남쪽 산록은 그들의 별장지였으며, 중앙부인 청계천과 종로 일대는 중인이라고 불리우는 상인계급의 주거지가 형성됐다.

임진왜란 이후 남쪽 산록에는 은퇴하거나 아직 등용되지 못한 선비들의 주거지로 바뀌었다. 남주북병은 북촌의 부귀영화와 남촌의 가난함을 나타내 주는 말이다.

상품유통의 거점이었던 육의전이 지금의 종로 1가에서 종로 3가에 이르는 곳에 설치되었고, 대부분의 중추관리기능은 세종로(육조거리)를 위시한 북촌에 집중됐다. 육의전과 함께 남대문, 동대문, 서대문 일대에서는 조시가 열렸으며, 상품은 물론이고 사람들의 교류가 많았다.

조선시대의 서울의 도시계획은 한강, 청계천을 낀 상업지구와, 북쪽에는 산수가 좋아 주거지역으로 지구를 나눴으며, 도심공간은 좌묘우사, 전조후사등을 적용하여 자연훼손을 최대한 방지함으로써 자연과 어우러지는 상생적 조화를 택했다.

2. 전주의 경우

전주의 도시계획의 원류를 찾아보면 대체적으로 성곽을 중심으로 이루어졌다.

장명수교수는 저서 '성곽발달과 도시계획 연구'에서 전주의 성곽도시가 다음과 같이 풍수의 영향을 받은 것으로 서술하고 있다.〈그림2-4 참조〉

〈그림2-4〉 전주성곽도

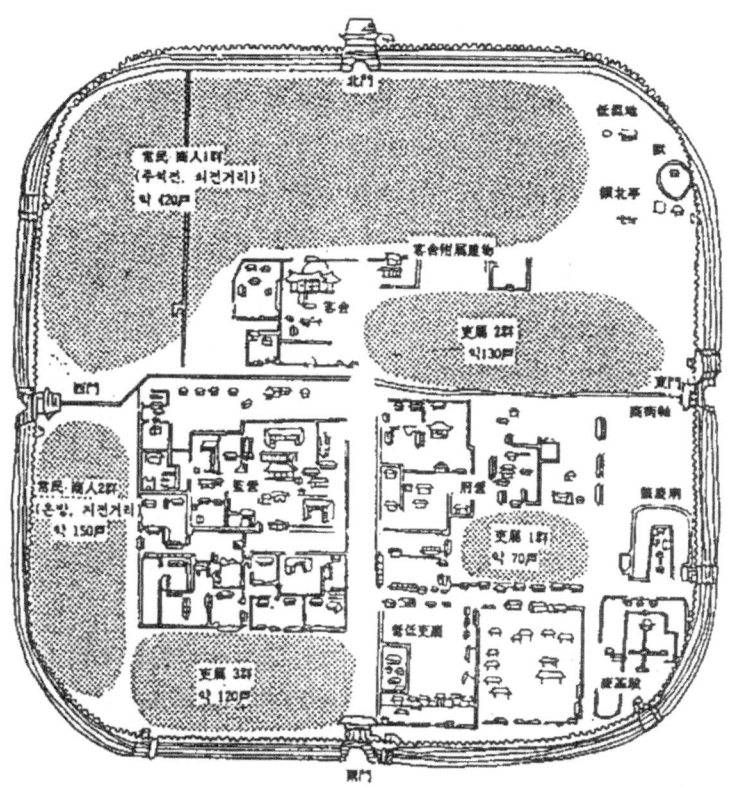

〈장명수, 성곽발달과 도시계획연구, 학연문화사, 1994, p.141. 그림 1-36 자료, 인용〉

900년에 후백제를 세우고 전주에 견훤왕성을 건립한 것에서도 풍수적 영향이 컸었음을 알 수 있다. 견훤은 본래 성은 이씨였는데, 후에 견씨로 고쳐 견훤(甄萱)이 진훤(甄萱)으로 발음되는데서 지렁이 정기설이 떠돌았다.

견훤이 지렁이가 물에서 서식한다는 이치를 택해 전주천 바로 위 구릉지에 반월성을 세웠다.[59] 반월성의 반월은 신월이라, 차츰 보름

달로 되어 가는 증대의 운세를 지녔다는 풍수의 생각 에서였다.[60]

풍수적으로 볼 때는 도읍, 읍성, 양택, 능묘를 막론하고 유형이 있어 지형에 따라 다종다양의 명칭이 붙어 있다. 특히 읍성에는 읍기의 발달과 번창을 위한 유형의 이름이 반드시 있었다.[61] 행주형, 연화부수형, 무사배출형, 오룡쟁주형 등이다.[62]

여기에 따라 조선조의 전주부성도는 지형상국을 따라 행주형이라 하였다. 맑게 개인 하늘 아래 만경창파로 떠나는 배의 형상으로 그린 성곽이라 전해지고 있다.[63] 이처럼 풍수사상은 여러 군데에 미쳤으나 특히 도읍지는 양기의 집단처로 크게 중요시했다. 도읍터의 풍수가 나쁘면 백성들의 생업과 생활에 막대한 지장을 준다고 생각하였기 때문이다.[64] 허술한 부분이 있으면 그것을 보완하여 완벽한 집단양기를 구현하려는 보완인 비보와 기를 누르는 압승이 성행하였다.

조선시대 지방 성곽도시의의 계획과 재정비에 풍수지리가 절대적인 영향을 주었고 작용했다.[65]

도읍이라는 집단양기는 처음부터 결함이 없고 완벽한 지역을 택하는 것이 바람직하다. 도읍풍수가 바로 이러한 입지를 선택하는 기준이 된다. 풍수의 본질은 청룡, 백호, 현무, 주작, 사사와 조안의 형세가 어떠하였을 때 과연 생기를 간직하고 있느냐를 추구하는데 있다.[66] 즉 기가 있는 땅과 외형인 유형관에 맞는 입지에 성곽도시

59) 이철수,「完山勝景」水氣補塡 無量水覺, 전주청년회의소, 1971, p.29.
60) 신영훈,「한국의 살림집」설화당, 1983, p.36, 48.
61) 村山智順(최길성 역),「조선의 풍수」민음사, 1990, pp.215~221,
62) 村山智順, 상게서, pp.618~626
63) 全州野史,「玉京晴風 萬頃蒼波 行舟之形」전주출판사, 1967, p.21.
64) 신영훈, 전게서, p.33.
65) 장명수,「성곽발달과 도시계획 연구」학연문화사, 1994, pp.158~160.
66) 신영훈, 전게서, p.33.

의 터를 잡는데 있어 풍수가 결정적인 작용을 하였다. 이로 인해 지방읍성이든 자연취락이든 그 입지가 풍수적 영향으로부터 벗어난 고을이다. 그 영향이 긍정적이던 부정적이던, 그 결과가 합리적이던 비합리적인 것이던 취락입지와 풍수가 깊은 관련성이 있다는 것을 부정할 수는 없는 사실이다.[67]

특히 조선시대 초기부터 장기간 관찰사의 재임지로서 감영이 있었던 성곽도시는 더욱 풍수적 영향이 크다.

따라서 전주의 입지구조가 풍수적이거나 풍수적 사고에 의해 축조되었음을 여러 면에서 발견할 수 있다.

첫째, 폐쇄공간을 이룬다는 점이다. 산으로 둘러싸인 분지상이라는 입지인자가 도읍풍수라는 이론도입에서 결정되었음을 보여주고 있다.

둘째, 입지지세가 통치, 군사라는 2대 기능을 수행하기 편리한 위치로서 전형적인 풍수취락을 이루고 있는 것이다.[68]

그것은 성곽도시들이 사사조안과 생기와의 관계, 장풍득수와 생기왕성을 추구하여 산으로 둘러싸인 분지에 성벽을 둘러쳤기 때문에 요새로 보일 수밖에 없다.

그럼에도 전주 성곽도시의 경우, 풍수설이 난만한 고려시대 축조되었음에도 불구하고 입지상으로 볼 때 허점이 드러나고 있다. 완산영지는 낙토이나 다만 북서로 비껴 기맥이 샐 염려가 있어 방비책으로 덕진연못을 인공적으로 조성했고,[69] 그 외에도 몇 가지가 강구되었다. 북서가 터져 있어 겨울에 바람이 거세게 불어 춥기도 하려니와 火災의 위험이 컸었다. 결국 1767년 북서광풍의 대화재로

---

67) 최창조, 전게서, p.258.
68) 최창조, 전게서, p.261, 269.
69) 完山誌, 山川 德津池條, …府之地勢 乾維空缺 氣脈洩焉… 築大堤…

천여호가 삽시간에 불에 탄 사건이 발생하였다.[70] 화재사건이 있은 후 전라관찰사를 두차례(1793년 이후) 역임한 바 있는 이서구가 북서의 허를 막기 위해 진북사에 산신각을 짓고 풍수설의 진대(전석)를 삼았다. 또한 실을 채우기 위하여 진북사를 기점으로 금암동 복치봉 부리까지 일직선으로 나무를 심어 숲정이를 조성 북풍을 막고 북서를 진압하려고 하였다.[71]

계속해서 북쪽 진압을 위해 1796년에 판관 윤광수가 둘레 100m의 현무지를 구축하였다. 성곽내 동북쪽 구석에 연못을 파 북방의 허술함을 막고 있다.[72] 이러한 현상들은 북서를 보허하기 위하여 연못을 팠으며, 사찰을 건립하여 지덕을 증익하고 숲을 심어 식수 비보을 한 사례이다.[73] 지방성곽도시의 입지를 풍수적 사고로 선택하였으나 풍수적 결함이 있을 때에는 비보와 압승을 끊임없이 추가하였다.

집단양기에서 풍수상의 입지는 대부분이 산을 등진 평지에 터를 잡고 있다. 이 뒷산을 진산이라고 했다. 진산이란 양기를 진호하는 산이라는 뜻으로, 신은 위쪽에 있다는 관념 때문에 신이 산상에 진좌하고 있음을 믿고, 취락의 수호신이 생활의 안정을 보호해 준다고 믿었다.[74]

모든 성곽도시나 자연취락을 막론하고 진산은 진호아래 의지하여 발달되어 왔다. 진산의 관념은 산을 숭배하고 산에서 좋은 인물이 출생하게 된다는 풍수지리설의 이론과 기본 뜻을 함께 한다. 그러

---

70) 慶基殿殿儀(慶基殿所藏), …全州府西門外民家失火…狂風自曉大作大勢… 燒盡千餘戶…
71) 이철수, 전게서 p.120.
72) 完山誌, 山川 玄武條, …北邊城內外無間閭閻只空壚令…
73) 村山智順, 전게서, p.640, p.643.
74) 村山智順, 전게서, p.616.

나 엄밀한 의미로 분석할 때 풍수의 생기론과 진산의 개념은 서로
차이가 있다.

생기론은 산을 포함한 지세의 기적 이론에 근거한 반면, 진산은
산의 정신적, 종교적 의미에 큰 비중을 두고 있어 이들의 기본적
관념이 구분된다. 따라서 풍수지리설의 용어가 거의 중국문헌으로
부터 전해 왔음에도 중국의 문헌이나 우리나라의 오래 된 풍수 문
헌에서 진산이란 문자는 찾아볼 수 없다. 이것을 볼 때 진산이라는
개념은 풍수와는 별도로 전해 오다가 후대에 와서 비로소 풍수지리
설과 복합되는 것으로 보인다.[75]

전주 성곽도시의 경우 진산은 건지산이다.[76] 또한 건지산에는 조
선 태조 22세대 신라사공이한공의 묘소를 모신 조경단이 있기도 하
다. 하지만 건지산이 명산이라 하더라도 표고 103m에 불과한 낮은
산이다.[77] 게다가 위치가 북동에 치우치고 산맥이 끊어져 북서가
비어 있다. 여기에서 북서가 허하다 하여 이를 메꾸는 풍수적 방비
책이 강구되었다.

방비책은 여러 가지 있었으나 그 중에서 진산의 고양을 위한 지
덕비보를 볼 수 있다. 1840년 이후의 작품으로 추정되는 전주부성
지도를 보면 객사 후면에 인위적으로 만든 조산을 볼 수 있다.

이것은 어떤 기록에도 없고 오직 이 병풍 그림에만 있는 것이다.
전주부성이 진산과 너무 떨어져 있고 낮으며, 북서가 터져 있어 생
기를 함축하기가 힘들어 허를 보하기 위하여 객사 뒤에 봉토하여
만든 지덕비보였음을 알 수 있다. 따라서 성곽도시에 진산이 끼친
영향이 얼마나 강하였나를 관찰할 수 있는 현상의 하나였다.[78]

---

75) 박시익,「풍수지리와 현대건축」지문당, 1992, pp.190~191.
76) 新增東國與地勝覽, 山川乾止山條, 在府北六里鎭山.
77) 全州府史, p.929.

이처럼 성곽도시 전주가 형성되기까지는 한성부나 개성의 경우처럼 철저하게 자연조건을 풍수를 적용해서 철저히 파악했다는 점이다. 이를테면 북쪽의 경우는 산이 없어 허해서 기가 북으로 빠져나간다고 보고 이를 막기 위해 인공의 덕진연못까지 만들었다.

성곽은 물론이고 관영 하나하나를 세울 때마다 풍수적용은 도시계획자가 도시의 전반과 건축물, 물길, 도로의 형태까지도 자연중심으로 민중의 입장에서 계획을 취해 왔다는 점이다.

전주의 도시계획의 기본 틀은 배산임수에서 벗어나지 않는 자연에 순응하고 조화를 근본시 하면서 도시 전반을 꾸며 나갔음을 볼 수 있다.

전주의 터를 풍수용어로 정리해 보면 대략 다음과 같다.

진산은, 승암산(소조산 혹은 주산), 기린봉(주산 혹은 현무), 穴은 전주 시가지, 내청룡은 남고사→완산칠봉→서산. 외청룡은 모악산→천잠산(전주대)→황방산(서곡). 내백호는 기린봉→한범리→기린여중(중앙여중)→유일여고→인후동(인후아파트)→금암동. 외백호는 (기린봉→유일여고)→우아동→신기리→백동리→건지산으로 본다.

안산은 내백호의 끝지점(백호안산 전주 KBS 부근 높은 지점), 명당수는 인후동에서 흘러나와 한진고속 부근으로 빠져나가는 물(복개), 객수는 전주천(현재의 위치와 달리 기린로 방향으로 흐름), 합수는 현재 고속터미널 앞(거성고속아파트 부근이나 옛날 한진고속 부근으로 추정)이다.

이와 같은 명당도를 토대로 할 때 과거 풍수상 전주의 문제점은 합수처(수구방향)인 전주의 북서쪽이 허하다는 점이다.[79]〈그림2-5 참조〉

78) 장명수, 전게서, p160~164.
79) 김두규, '후백제 전주와 거북바위 학술발표회' 후백제 전주의 풍수적

〈그림2-5〉 전주 KBS내 위치. 일명 거북바위. 물과 관련있음

　이상에서 살펴본 것을 정리하여 전주의 산세에 따른 비보풍수적
흔적을 살펴보면 다음과 같다.

　숲정이, 진북사, 거북바위(전주 KBS방송국)는 고려 이전 전주의
진산을 기린봉, 승암산으로 삼았을 때 수구인 북서쪽이 허하게 된다.

　이것을 비보하기 위한 비보풍수가 행해졌을 것인데, 그 구체적인
비보물은 무엇이었을까?

　현재 진안, 장수 등 산간지방에서는 마을 입구 수구가 허한 곳에
서 보이는 거북바위, 당산나무, 돌탑 등의 유적들이 많이 보이는 것
으로 보아,[80] 전주 역시 고려 이후의 지금과 같은 성곽배치구조 이

　　특성, 우석대학교 박물관·KBS전주방송총국, 2002, p.22.
80) 이에 대해 이상훈이 다음과 같은 여러 저서와 논문에서 자세하게 밝

전에서는 충분히 수구부근에 당산나무, 사당, 돌탑 혹은 거북바위 등을 조성했으리라는 추측이다.

그리고 그와 같은 비보풍수물은 고려 이후 현재의 성곽배치구조로 바뀌면서도 부분적으로 이어지는데 현재 진북동 우성아파트에서 옛 한진고속 터미널까지 조성되었다는 '숲정이'가 그 대표적인 것이며, 진북사나 전주 KBS방송국 내의 거북바위 등이 그러한 흔적으로 여겨진다.

덕진 연못이나 덕진 제방은 고려 이전이 아닌 고려 이후 건지산을 주산으로 삼은 이후 북서쪽이 허결하다는 이유로 세워진 비보풍수로 여겨진다. 고려 이전의 전주의 규모가 덕진 부근까지를 전주라는 공간으로 여기지는 않았으리라고 생각되기 때문이다.

특히 왜 거북바위의 조성과 관련하여서는 현재 진안, 장수, 순창 등지에서 동네 입구에 조성된 거북바위들(순창 동계 구미리/진안읍 종평)을 보면, 대개 수구처에 세워져 그 수구의 허결을 보완하는 성격 이외에, 마주 보이는 곳이나 그 땅이 화기가 강할 때 세워지는 진압적 성격을 띠기도 한다. 즉 거북바위는 허한 곳을 보완해 주는 비보풍수적 성격과, 강한 기운(화기)을 눌러주는 진압풍수적 성격이라는 이중적 성격을 갖는데, 전주 KBS방송국 내의 거북바위 역시 그와 같은 이중적 성격을 갖고 있다. 전주 KBS방송국 부근에서 승암산을 바라보면 험석들이 완연한데, 이것을 풍수에서는 화산으로 보아 화기가 많은 것으로 본다. 이러한 화기는 물의 신(수신)의 상징으로 여겨지는 거북이 제압할 수 있다는 논리이다. 전주의 옛 진산인 승암산 기린봉이 화기가 강함을 알 수 있다. 이 경우 이

히고 있다: '남원지방의 조산 신앙, 진안지방의 탑신앙, 진안의 마을신앙, 우리 얼굴', 김두규, 상게서에서 재인용.

를 누를 수 있는 마주보는 지점에 거북바위를 세운다.

실제 전주 KBS방송국 내 거북바위는 승암산과 마주하는 일직선 상에 위치한다.[81]

동고사·남고사·서고사·북고사(진북사)는 기린봉, 승암산을 주산으로 할 경우, 또 하나 전주의 지세상의 흠이 보이게 되는데, 그것은 바로 기린봉 승암산을 진산(주산)으로 할 때, 청룡이 본신청룡이 아니라는 점이다.

'본신청룡'이란 주산(진산)에서 산줄기가 뻗어내려 좌측을 감싸야 하는데, 전주의 경우 전주천 건너의 남고산→완산칠봉→용머리고개→다가산으로 청룡이 이어진다는 점이다.

이와 같은 경우 풍수상 문제가 되는 것은 주산과 청룡 사이에 골(즉 슬치고개에서부터 발원하는 전주천: 전주-남원간 국도)이 생겨 나쁜 기운(바람/전염병/도둑/외적)이 들어 올 통로를 만들어 준다는 점이다.

고려 이전 이곳 기린봉과 승암산을 주산으로 하여 성곽배치가 이루어졌다면 이것은 큰 문제이다. 이를 비보 진압하기 위해서는 비보진압 풍수물을 설치하지 않을 수 없다.

이것이 바로 동고사와 남고사이다. 두 사찰은 전주천 상류를 사이에 두고 지근한 거리에서 바라보고 있다. 즉 전주 남동쪽의 허결처를 보완해 주는 비보진압 풍수 물이다.

단순한 절만을 세워놓은 것이 아니라 산성(남고산성)을 축조한 것에서, 그리고 이 두 절의 역사가 고려이전으로 거슬러 올라가 있다는 사실에서도 그곳이 비보풍수임을 충분히 추측할 수 있다.

동고사는 신라 헌강왕 2년(876년)에 도선국사가 창건하였으나,

---

81) 김두규, 전게서, p.28.

임진왜란 때 전소되어 폐찰로 있다가, 조선 후기인 헌종 10년(1884년) 허주 선사가 복원했다는 기록이 있다. 도선 국사는 우리식 풍수의 원조이다. 중국과 일본에 비보풍수론을 완성시킨 풍수의 대가로서 전국에 수많은 비보사찰을 세우게 하였다는 사실과, 동고사 부근의 산세를 감안하면 비보사찰로 보여진다.

남고사는 신라 문무왕 8년(664년) 때 세워진 것으로 최초의 이름이 남고연국사(南固燕國寺)였다. 남고사는 풍수상 와혈(窩穴)에 속하는데, 와혈은 흔히 소쿠리 명당이나 제비집 명당이라고 부른다. 남고사 최초의 이름이 남고연국사라는 점은 이곳의 산세가 제비집 같다는 의미에서 제비연(燕)을 넣은 것으로 보인다.

동고사와 남고사 뿐만 아니라, 서고사 역시 비보풍수적 흔적이 있어서 동서남북 사고사가 바로 전주의 비보풍수물임을 알 수 있다.

서고사는 후백제 견훤이 전주(완산주)에 도읍을 정한 뒤 국운의 회복과 백성의 안녕을 기원하기 위하여 908년에 창건하였으며, 그후 고려, 조선조까지 사찰로서 면모를 유지해 왔다는 기록이 있다.

이로 보아 남고사가 비보풍수로서 가장 먼저 조성되었으며, 그후 동고사→서고사 순으로 조성되었음을 알 수 있는데, 풍수상 그 땅의 허결처를 보완함에 있어서 가장 급한 것이 서고사보다는 남고사→동고사 순이었다는 사실에서 기린봉 승암산을 주산으로 할 경우 주산과 청룡 사이의 허결처에 대한 문제인식이 절실하게 대두되었다는 것을 보여주는 대목이다.[82]

---

82) 김두규, 전게서, p.29~30.

제 3 장 자연풍수 조화론

자연풍수 조화론을 이해하기 위해서는 먼저 풍수 역사를 살펴보아야 한다.

고려시대 풍수는 전 국토를 고쳐 쓰고 허한 곳을 보하는 국역풍수였다. 조선시대는 유교사상을 바탕으로 효 중심의 음택풍수가 성행했다. 그 후 일제 강점기때 문화말살 정책을 거치면서 우리나라 고유사상인 풍수를 묘 자리나 찾는 술법으로 전락시켰고, 술사들 역시 음택풍수 술법으로 1970년대까지 명맥을 이어온 것이 풍수의 상황이었다.

우리나라 풍수는 음택풍수가 전부가 아니라, 삶터에서 중요한 생명이며 사상이다. 그리고 풍수는 자연의 질서를 담아놓은 것이라고 내세운 것이 최창조의 자생풍수[83]이다.

---

83) 김두규(우석대 교수) 자생풍수 서평 출전「월간 朝鮮」1997년 8월호, 최창조(녹색대)교수의「韓國의 자생 풍수」민음사 1997: I, II에 대한 서평의 일부.
風水의 등장을 바라보는 지식인들의 시선은 곱지만은 않다. 墓地 풍수와 관련된 각종 폐해에 대한 선입견 때문일 것이다.
「한국의 자생 풍수」의 學術的 의의는 무엇보다도 저자가 1권 첫 부분에서 다룬「한국의 자생 풍수」의 본질을 밝힌 부분으로 묏자리나 잡는 천박한 술수라는 세간의 부정적 이미지를 불식시켜 주었을 뿐 아니라,

자생풍수가 고려의 국역풍수인 합리적 사고를 지향하면서 땅을 어머니로 보았던 지모사상으로 땅을 대하는 인식체계의 전환이라는 점에서 호평되고 있다.

하지만 자생풍수의 관념에서 벗어나 도시계획에 있어서 실용화할 수 있는 것이 중요하다고 보고 풍수의 실용화를 위한 방안으로 제시된 것이 '자연풍수 조화론'이다.

제 1 절   기존 풍수의 역사적 전개

1. 고려의 풍수

고려의 국교는 불교였으며, 특히 호국 불교적 성격이 강했다. 풍수 역시 호국 풍수적 성격이 강했다. 이른바 비보사찰지로 알려진 곳들을 답사해 보면 그곳들은 대개 군사적 요충지나, 군 병력의 이

중국과 다른 우리 풍수의 제 모습을 밝혀 냈다는 점이다.

특히 중국 性理學의 대가 정자(程子)와 주자(朱子)가 風水를 좋아하면서 대부분의 조선조 성리학자들 역시 풍수를 신봉한다. '祖上의 유골을 좋은 땅에 안장한다'는 것은 유학의 核心인 孝와 宗法제도를 구현시킬 수 있는 좋은 방법이었기에 실학 이전의 儒學者들은 중국 풍수를 별다른 거부감 없이 수용한다. 이러한 중국 풍수는 주로 發福을 중시하는 술수적 요소가 강해 많은 사회적 문제를 야기 시켰던 것이다.

저자는 중국 풍수와는 달리 한국의 "자생 풍수"는 陽宅(집터)과 양기(마을, 중소 대도시) 풍수의 주류가 되었음을 현장 답사를 통해 밝히고 있다.

「한국의 자생 풍수」제 2권인「한국의 명당 자료집」은 전국의 마을과 산하에 대한 일종의 지지(地誌)로서 자생 風水 흔적들을 보여줄 뿐만 아니라 기존의 어느 관찬(官撰)지지보다 생동감과 현장감을 주는 학술 서이자, 우리 땅 안내서이다.

동을 쉽게 감시할 수 있는 곳, 혹은 자연의 재해를 방지할 수 있는 곳들이다.

또한 국역 풍수는 주로 비보사찰의 승려들이 맡았다는 점에서 승려들 가운데 유명한 풍수가가 많이 배출되었다.

신라 말 승려 도선을 고려에서 왕사로 추존(追尊)했던 것, 또 지기쇠왕설을 이유로 평양 천도설을 주창하였던 묘청이나 신돈 같은 승려 역시 풍수에 능했음에서도 풍수가 단순히 개인적 차원이 아닌 국가적 차원에서 수용되었음을 알 수 있다.

아쉬움은 고려 풍수를 엿볼 수 있는 당시 지리업 종사자 시험과목[84]에 언급된 풍수서적들이 한 권도 전해지지 않는다는 점과 조선 3대 임금인 태종의 명에 의해 민간의 모든 풍수서적이 수거되어 없애버린 뒤, 그나마 보관되던 것도 임진왜란을 계기로 모두 소실된 까닭이다.

그러나 '고려사'에 풍수관련 언술을 통해 추정해 볼 수 있는 것은 고려 풍수는 흔히 비보진압풍수로 알려진 도선식 풍수였다는 점이다. 도선국사의 풍수는 음택풍수가 아닌 양택 및 양기의 국역 풍수였으며, 주로 지형지세를 육안으로 살펴서 그 땅의 성격, 토지의 하중능력, 혹은 그 땅의 문제점을 파악하고, 그에 따라 땅을 이용하였으며, 문제가 있는 곳은 고쳐 쓰거나 특정한 비보물을 설치하도록 사람들에게 주지를 시켰다.

따라서 고려 풍수는 풍수 전문 기능공인 지리업 종사자와 이를 총괄하는 승려 풍수가 주류를 이루되, 도선 풍수의 전통을 이어가고 있었다.

---

84) 고려 지리업 고시과목: 1. 신집지리경(新集地理經), 2. 유씨서(劉氏書), 3. 지리결경(地理決經), 4. 경위령(經緯令), 5. 지경경(地鏡經), 6. 구시결(口示決), 7. 태장경(胎藏經), 8. 가결(訶決), 9. 소씨서(簫氏書).

이것은 평양 천도설과 독립된 황제국을 선포할 것을 주창한 묘청
이 자신의 법술은 도선에서 정화를 거쳐 자신에 이르렀다는 언술에
서 엿볼 수 있으며, 고려 말 공민왕의 개혁 정치에 동참하였다가
살해된 신돈의 풍수지리를 충분히 활용하려한 점, 그리고 무학대사
의 풍수행적을 답사해 보면, 역시 비보풍수를 많이 활용하였다 점
이 확인되고 있다.[85]

여러 사료에서 고려풍수는 비보의 기능을 하는 것을 알 수 있고
도선국사의 비보풍수를 통해 국토의 균형을 유지하려고 했던 것을
알 수 있다.

2. 조선의 풍수

고려말 조선 초 승려이자 명 풍수였던 무학대사의 풍수행적을 보
면, 조선 풍수의 특징을 짐작할 수 있다. 무학은 비록 태조 이성계
의 왕사였다고는 하나, 고려말 승려였고, 고려의 개혁을 꾀하다가
죽임을 당한 승려이자 명 풍수 신돈과 시기적으로 아주 가까운 후
배세대였다. 따라서 무학의 풍수 역시 고려의 풍수, 즉 도선 풍수의
전통을 이었다고 말할 수 있다.

이러한 무학의 풍수는 조선 초기에 들어 여지없이 밀려나가게 된
다. 태조 이성계는 무학을 왕사로 삼아 조선 건국초기 한양 옛 궁
궐터와 계룡산 터 잡기에서 적극적인 조언을 구해 계룡산 도읍지를
결정한다. 계룡산에 도읍지가 정해지고 공사가 진행된 지 얼마 안
되어 당시 경기관찰사 하륜이 올린 상소로 계룡산 도읍지 공사는
중단되고 만다.

---

85) 출전: 김두규 역해: 명산론, 비봉출판사, 2002. 해제.

하륜은 유학자로서 이방원의 핵심 측근이다. 태조 이성계가 계룡산에 도읍지를 정하고 공사를 벌이던 것을, 태종의 핵심 측근인 하륜이 호순신의 이론을 들고 나와 간단하게 계룡산 도읍지론을 무력화시킨 것이다. 결국 태조 이성계와 그 아들 이방원 사이의 권력다툼에서 풍수가 이용된 것이다.

불교 세력의 지원을 받던 고려의 잔재뿐만 아니라 아버지인 이성계의 세력(무학포함)까지 무력화시키는 일석이조의 효과를 가져올 수 있는 것으로서 이방원과 하륜은 풍수를 활용하게 된 것이다.

이처럼 호순신 이론은 고려에서는 전혀 언급이 없다가 갑자기 하륜이 주창하면서 세상에 유행된 이기론 풍수이다.

철저하게 현장 답사를 위주로 하는 고려 전통의 승려들의 해박한 풍수이론을 조선조 유학 출신의 정치인들이 대적할 수 없게 되자, 전혀 다른 풍수 이론을 들고나올 수밖에 없었다. 현장 답사를 하지 않고 상대방의 논리를 격파할 수 있는 이론으로서 호순신 이론만큼 좋은 것은 없었다. 동시에 조선 초기 정치인들은 유학의 실천덕목인 효와 조상 숭배를 구체화 해 줄 수 있는 풍수이론을 도입했다. 조선의 풍수고시과목86)에서 보듯 고려 풍수와는 전혀 다른 풍수이론이다.

고려를 멸하고 조선을 건국한 것이 하나의 쿠데타였다면, 고려의 풍수 고시과목들을 전부 없애고 전혀 다른 풍수 이론을 도입한 것 역시 혁명적 사건이었다.

그래서 유교를 국교로 채택한 조선조에서 호국 불교식 풍수가 아닌 유교식 풍수가 유행하게 된것이다. 유교는 충효를 중심으로 한

---

86) 조선 지리학 고시과목:1. 청오경(靑烏經), 2. 금낭경(錦囊經), 3. 호순신(胡舜申), 4. 명산론(明山論), 5. 지리문정(地理門庭), 6. 감룡(撼龍), 7. 착맥부(捉脈賦), 8. 의룡(疑龍), 9. 동림조담(洞林照膽).

실천윤리이기 때문에 풍수 역시 충효를 구체화할 수 있는 것으로
바뀌었다. 즉 왕실에서는 왕실의 무궁한 번창을 위한 왕릉과 태실
선정, 그리고 사대부들은 조상의 체백을 좋은 곳에 모시자는 효의
실천 방법으로 풍수가 활용되면서, 풍수는 음택풍수로 중심점이 바
뀌게 되었다.

비록 조선 초 하륜이 이기론 풍수론인 호순신을 도입하여 고려
풍수를 일거에 퇴치시켰지만, 그들 역시 왕릉 선정이나 조상 무덤
선정과정에서는 호순신의 추상적 이론으로 땅을 보는데는 한계가
있음을 잘 알고 있었다.

또 그들의 정신적 지주인 성리학의 대가 주자나 정자가 남긴 풍
수에 관한 짤막한 지침서 산릉의장이나 장설과 같은 형세론을 좀더
구체화시킬 수 있는 이론이 필요하였다.

여기에서 주자나 정자의 이론이 가장 알맞은 것이 청오경, 금낭
경 및 명산론으로 그 가운데 '청오경'과 '금낭경'은 아주 오래된 고
전이기는 하지만, 추상적 내용이 많아, 구체적으로 땅을 잡고, 그
길흉화복을 말하기가 어렵다.

반면 '명산론'은 '청오경'과 '금낭경'과 마찬가지로 형세론적 관점
에서 쓰여졌지만, 그 내용이 간단명료하고, 땅을 보는 방법을 체계
적으로 이야기하고 있어 땅을 보는데 실질적 도움을 준다. 중국에서
유입된 많은 풍수서적들이 중국의 구체적인 지형이나 지명을 예로
들어 설명하고 있기 때문에 중국을 밟아보지 못한 조선인들에게 그
러한 풍수서적을 이해하기가 힘든 반면, '명산론'은 비록 중국에서
쓰여지긴 하였으나, 중국의 구체적인 지명이나 지형 혹은 고유명사
가 전혀 등장하지 않는 입문서와 같은 형식으로 쓰여진 책이다.

예컨대, 용, 명당, 혈상 등에 대한 종류를 도식적으로 열거하고,

그에 따른 길흉화복을 구체적이자 단언적으로 적시하고 있는데다가, 분량 또한 많지 않고, 문장은 비교적 평이하기 때문에 조선조 지리학 시험과목으로 아주 적절하였다는 점이다. 명산론에서 언급되는 산과 물의 형상 또한 중국에서만 볼 수 있는 것이 아니라 조선 땅에서도 쉽게 볼 수 있는 것들이다.

바로 이 점에서 중국에서 유행되던 좀더 방대한 분량의 풍수서적이 조선조 지리학 시험과목으로 채택되지 않고, 명산론이 채택된 까닭이 어느 정도 이해될 것이다.

고려의 풍수가 국역 풍수로서 호국 풍수였다면, 조선의 풍수는 왕실과 사대부의 행복을 바라는 음택풍수로 축소되면서, 거기에 걸맞은 이론적 지침서가 명산론이 될 수 있었다.

풍수 시험과목의 변화가 미치는 영향은 간단하지는 않았다. 그것은 궁극적으로 그 시대 사람들의 대지관과 자연관의 변화를 초래하였다. 즉, 고려인의 대지관과 전혀 다른 대지관을 조선인들은 갖게 된 것이다.[87]

3. 해방이후 자생풍수의 등장

현대에 들어와 풍수가 더욱 비논리적이며 미신적으로 흘렀던 것은 90년대를 전후해서 우리 사회에 자칭 풍수도사들이 음택풍수를 가지고 설치고 있기 때문이다. 하지만 풍수는 묘지 뿐만 아니라 전통적으로 집터, 서원, 향교, 사찰, 마을, 중소 대도시의 입지 선정과 구조 배치에 이르기까지 풍수지리가 관여해 왔다.

이에 대해 최창조의 '한국의 자생 풍수'는 술수적 음택풍수에 일

---

87) 출전: 김두규 역해: 명산론, 비봉출판사, 2002. 해제.

격을 가하고 음택풍수가 발붙일 수 없도록 '자생풍수'를 내놓았다.

자생풍수는 우선 우리 땅 전체를 살아 있는 어머니로 본다. 어머니가 편찮거나 병이 들면 그 자식이 편할 수 없다. 당연히 어머니의 병을 고쳐 드려야 한다. 병든 어머니, 병든 땅을 고쳐 드리는 주된 방법이 바로 비보풍수이다. 그 구체적인 방법이 문제가 있는 땅에 절을 짓거나 탑을 세우는 비보사탑설이다.

그밖에도 조산 혹은 돌무덤, 비보수, 장승, 입석등 다양한 비보풍수가 행해졌으며 아직까지 우리 주변에서 그 흔적들을 볼 수 있다.

자생풍수에서 '풍수란 땅의 질서와 인간의 논리 사이에서 벌어지는 여러 문제점과 갈등 속에서, 어떤 합치점을 찾고자 하는 우리 민족의 전통적인 땅에 관한 지혜'라고 결론 내리고 있다.[88]

이러한 논리는 당연히 국토 전역을 하나의 살아 있는 유기체로 보는 '국역풍수'로서 의미가 있으며, 날로 심각해져 가는 환경문제에 대한 경고와 함께 해법이 될 수 있음을 시사한다.

제 2 절   자생풍수[89]의 한계와 보완으로서 자연풍수 조화론

1. 자생풍수의 한계

자생풍수란 '좋은 땅, 나쁜 땅을 가리는 것이 자생풍수가 아니라 어떤 사람에게 맞는 땅, 맞지 않는 땅을 가리는 우리 선조의 지혜'

---

88) 김두규(우석대)교수 자생풍수 서평 출전「월간 조선」1997년 8월호, 최창조(녹색대)교수의「한국의 자생 풍수」민음사 1997: I, II에 대한 서평의 일부.

이며 '그래서 땅이나 산을 마음으로 받아들일 수 있는 눈을 가진
사람은 어머니 품안과 같은 명당을 찾아낼 수 있고, 구태여 풍수의
논리나 이론이 개입할 필요가 없으며 자생풍수의 방법론적 본질은
본능과 직관과 사랑 이 세 가지로 요약할 수 있다'고 했다.

'자생풍수'가 오늘날 우리의 가슴에 와 닿는 것은, 조상의 묘를
잘 써 입신하고자 하는 이기적이고 탐욕적인 인물들을 만나 그들의
이기심을 채워줄 수밖에 없는 운명에 처해 있는 풍수사들에게, 그
본연의 길을 걸어가라는 경종을 울리고 있다는 점에서 의의가 크
다. 최창조의 '자생풍수'는 한국의 풍수지리가 갖는 특수성을 강조
한 것이 아니라, 땅과 세상을 보는 사랑을 강조한 하나의 이념이며,
오늘날 풍수사의 양심선언에 지나지 않는다.

그가 비판한 대동적 공동체에 반하는 '발복풍수', 자연의 흐름에
반하는 '반풍수', 이들 양자는 사랑과 자연과의 조화를 지향하는 '자
생풍수' 앞에서 힘을 쓸 수 없지만 그것으로 '자생풍수'가 완전해지
는 것은 아니다. 명당은 다른 어느 것이 아닌 당신의 마음에 있을
뿐으로 풍수의 논리와 이론이 개입할 필요가 없다고 한다면 '자생

---

89) 자생풍수의 내용은 무엇인가. 그는 우리 민족에게 고유의 지리 사상이
    있으며 이를 '자생풍수'라 했다. 한국의 자생풍수는 신라 말 중 도선이
    정리하고 이를 중국으로부터 유입된 이론 풍수와 조합해 이뤄 놓은 것
    이 '도선 풍수'이며, 이를 출발점으로 삼은 한국의 자생풍수는 조선 성
    종 때 이후 중국 풍수에 심취한 사대부에 의해 소멸했다고 보고 있다.
    다시 말해 최창조는 이들 사대부가 산소자리 잘 잡아 돌아가신 부모님
    덕을 보자는 이기적인 술수 풍수, 이른바 '발복풍수'에 빠졌다고 보고,
    음택 발복을 위한 중국 술법풍수의 영향을 배격하고자 했다. 그래서
    최창조는 서윤길('도선국사의 생애와 사상') 등과 의견을 같이 해 도선
    의 풍수지리가 중국의 도참이나 음양오행설과 다른 것이라고 봤다. 그
    에게 도선풍수는 이기적인 술수가 아니라 국토 전체를 진단해 지역의
    분열과 도적의 들끓음을 고칠 수 있는 방법이었던 것이다. 따라서 그
    에게 한국의 자생풍수는 이기적인 '발복풍수'와는 다르다고 했다.

풍수'는 보편적인 원리로 자리잡기가 어려워진다.

오히려 인간의 욕망을 실현하는 형이하학으로서의 자리매김에서 출발하는 길이 바람직하게 보여진다.[90]고 관념적 부분을 비판했다.

풍수는 땅에 대한 인간체계이다. 풍수학이 오늘날의 지리학과 다른 점은 땅에 대한 논리분석이 인간의 길흉이라는 현실적인 결과로까지 연결된다는 점이다. 그러므로 풍수학의 학문적인 복권의 최우선 과제는 다음과 같은 두 가지가 있다. 첫째 풍수에서 말하는 땅의 논리가 타학문에서 말하는 것과 구별되는 독창성과 타당성이 인정돼야 한다. 둘째 풍수에서 분석한 땅의 논리가 그 곳에 살거나 묻힌 인간에게 실제 길흉적 영향을 준다는 논리를 보다 합리적으로 제시할 수 있어야 한다. 이 가운데 학문적으로는 첫 번째 과제가 보다 중요하며 먼저 해결되어야 한다.

최창조 교수는 '땅(산)은 질서와 고집이 있는 법이다'라는 표현을 자주 강조한다. 너무 적절한 말이다. 그러나 실제 그의 연구에는 땅의 질서와 논리에 대한 분석이 없다. 그의 수많은 논저에서 '자생풍수', '자연과의 조화', '대동적 공동체'라는 매력적인 표현들 속에 자리잡고 있는 땅에 대한 중심논리를 추출하면, 결국 '본능·직관·사랑'이라는 것밖에는 없다고 해도 과언이 아니다. 그런데 땅(산)만큼 물질적 존재가 어디 있는가. 모든 물질은 존재질서와 움직임의 법칙을 갖고 있다. '청오경'을 위시한 풍수의 고전서들은 산의 질서를 나름대로 설명해 왔다.

그러나 풍수의 고전서들도 학설에 따라 서로 많이 다르고 어떤 것은 터무니없기까지 하다. 따라서 오늘날의 풍수학은 다른 학문분

---

90) 옥한석(강원대 지리학)교수, 〈비판적 평가-최창조의 한국의 자생풍수, 나는 이렇게 생각한다〉. 교수신문 2003년 3월 10일자.

야의 성과까지 활용해 지금의 우리들이 알아들을 수 있는 보다 합
리적인 언어로 산의 질서를 재정립해 줘야 한다.

 이처럼 자생풍수의 최대 약점은 땅의 질서와 논리에 대한 천착을
생략하고 풍수를 형이상학적인 마음의 차원으로 가져갔다는 점이
다. 그것은 학문이 도달할 마지막 단계이거나 종교적 차원의 언설
인 것이지, 이제 제대로 걸음마도 하지 못한 현대의 풍수학이 취할
태도가 아니다. 현재는 더욱더 논리가 필요한 시점이다. 만약 논리
를 제시할 수 없다면 풍수는 학문임을 포기해야 한다.[91]

2. 자연풍수 조화론

 이미 김지하, 최창조, 박시익, 김두규 같은 풍수학자들은 자신들
의 저서나 대담에서 '자연과 인간의 조화' '상생의 조화'라는 개념을
다양하게 접근해 왔다.

 그러나 그들은 '자연과 인간의 조화' '상생의 조화'를 사상과 기능
적 접근에서 사실상 실용화는 김두규의 '일터와 집터'를 제외하고는
구체적인 방안을 제시하지 못한 상태이다.

 최창조는 자연과 인간의 조화 문제를 놓고 개발과 보존 문제에
대해서 본인의 저서인 '한국의 풍수사상'에서 참으로 이율배반적이
라고 지적했다.

 원칙적으로 완전한 보전을 하자면 절대로 개발을 해서는 안 되
고, 개발을 하자면 보전을 포기하는 수밖에 없다.

 물론 언어 논리적으로야 개발과 보전의 조화로운 양립을 운위하

기는 하지만 그것이 제대로 될 까닭이 없다. 원래 토지 공간이란 선택적 이용(locational options)에 의하여 일정한 단계를 밟아온 것이 사실이다. 그러나 인구증가로 토지의 가용 수용력에 한계가 오고 그것을 돌파할 수 있을지도 모른다는 낙관적인 과학기술주의가 대두됨으로써 드디어 적극적 이용의 단계로 접어들게 된다. 그것은 개발이라든가 발전이라는 측면에서 정책입안자들이 일방적으로 평가해 온 것이 파국의 출발이었던 셈이다.[92]

문제는 땅에 관한 생명체적 질서가 있느냐인데, 불행히도 그 점을 확연히 증명할 만한 연구는 아직 되어 있지 않다.[93]

풍수는 전통사상이며 전통과학이다. 모든 전통 과학에는 신비적 요소가 반드시 있다. 그것은 당시의 지식 수준에서 자연이 본디 지니고 있는 신비성을 인간이 반영하였기에 나타나는 자연스런 결과일 뿐이다. 심지어 오늘날에도 과학으로 완전한 서술이 가능한 세계는 없다. 첨단 물리학을 일반인에게 소개하는 과학자들의 책을 읽어보면, 그런 첨단과학 속에 보다 많은 상상력과 신비가 혼재되어 있다는 것을 알 수 있다.[94]

자연풍수 조화론은 자생풍수가 지향했던 자연과 상생 및 조화를 본능, 직관, 사랑이라는 관념[95]의 풍수를 실용적[96]으로 보완해 자

---

92) 최창조, 『한국의 풍수사상』민음사, 1994, pp.20~21.
93) 최창조,『한국의 자생풍수』민음사, 1997, p.520.
94) 최창조, 상게서, p.497.
95) 觀念論(idealism)은 실재의 관념성을 주장하는 형이상학적 관념론과 인간은 인식할 때 마음 안에 있는 것만을 파악할 수 있기 때문에 인식대상은 지각할 수 있는 것에 한정된다는 인식론적 관념론의 두 형태로 나타난다. 형이상학의 영역에서 관념론은 유물론과 대립한다. 유물론은 세계의 근원적인 실체가 물질이고 이 실체는 일차적으로 물질적 형식과 과정을 통해서 인식된다고 주장한다. 인식론의 영역에서 관념론은 실재론에 대립한다. 실재론은 인식대상들이 우리 의식 외부에

연과 인간과의 조화를 실현해 내는 것이다.

자연풍수 조화론은 일본의 와타나베 교수가 비교해 놓은 서구적, 풍수적 자연관과 비교해 보면 상당한 차이가 있음을 볼수가 있다.

먼저〈표 3-1 참조〉①번의 경우 **'자연에 대한 대응'**에서 서구적 자연관(환경 개발론)에서는 생산과 소비를 중시했다. 그리고 풍수적 자연관(우주조화론)에서는 '유지, 보존, 융통의 대상'으로 보았으나, 자연풍수 조화론에서는 자연을 보존할 수 없는 상황의 개발이라면 **'보존을 중심으로 한 조화의 개발'**로 본 것이다.

② **노동가치**는 서구적 자연관(환경 개발론)에서는 능률(시간삭감), 풍수적 자연관(우주조화론)에서는 성숙(필요시간의 확보)를 말하고 있다.

자연풍수 조화론에는 우주조화형에 제시한 성숙(필요시간의 확보)한 시간이 요구된다. 도시개발에 있어서 **자연 목적물 개발을 위해서는 필요시간이 충분히 필요하다. 정책 입안자, 현지 주민, 환경 및 풍수전문가가 성숙된 합의를 위한 시간이 필요하기 때문이다.**

③번 **자원인식**에서는 서구적 자연관에서는 무한, 풍수적 자연관에서는 유한으로 보았는데, 자연풍수조화론에서는 풍수적 자연관과 같은 유한으로 보고 있다. 이것은 **도시계획의 오, 남용을 막기 위한 방법의 하나이며 자연은 한정**되어 있기 때문이다.

④번 **사회이상**은 서구적 자연관에서는 '균일화 제일주의' 풍수적 자연관에서는 '이질성 존중'인데, 자연풍수 조화론에서는 도시개발

의식과 독립하여 실제로 존재한다는 관점이다. 관념론의 본질적인 특성을 알기 위해서는 관념론의 전형적인 명제들을 이해할 필요가 있다.
96) 實用論: 실생활에 사용되거나 소용되는 것, 넓은 의미로는 어떤 생각이나 정책이 유용성·효율성·실제성을 띠고 있음을 가리키며, 학문적 의미로는 추상적·궁극적 원리의 권위에 반대하는 태도를 지칭한다.

에 의해서 개발되어질 자연목적물이 인간과 함께 해야하는 **상생론**으로 보고 있다.

⑤번 **행동가치**는 서구적 자연관에서는 '능력중시' 풍수적 자연관에서는 '의견의 조화를 중시'하고 있다. 자연풍수 조화론에서는 '**합리적, 논리적을 중시**'했다.

도시개발에서 개발되어질 자연 목적물을 두고 정책 입안자, 현지 주민, 환경 및 풍수전문가가 민주형 참여 방식인 대화로 풀어가야 하기 때문이다.

⑥번 **인간과 자연**에서는 서구적 자연관에서는 '객관적 대상'으로 풍수적 자연관에서는 '인간과 자연이 하나임'으로 했다.

자연풍수 조화론에서는 '**자연과 인간의 조화**'로 보았다. **도시개발에 있어서 쾌적한 환경도시를 창출하기 위해서는 자연중심, 인간중심의 조화적 개념**이 필요하기 때문이다.

⑦번 **방법론**에서는 서구적 자연관에서는 '분석중시' 풍수적 자연관은 '총체적 중시'이다. 자연풍수 조화론의 방법론은 '**총체적 중시**'이다. **도시개발에 있어서 자연과 인간과의 균형적 조화는 총체적으로 중시하지 않으면 안되기** 때문이다.

⑧번 **우주적 해석**에서는 서구적 자연관은 '정태적 시점 중시'했다. 그리고 풍수적 자연관에서는 '**동태적 시점 중시**'했다. 자연풍수 조화론에서는 '정태적 시점 중시'를 했는데, 이것은 도시개발에 있어서 유한인 자연 목적물 파괴에 있어 **보존과 개발에서 보존**을 더 중요시하는 정태적 시점을 가지고 있다.

〈표3-1〉 기존의 풍수관과 자연풍수 조화론의 비교표

내 용 구 분	서구적 자연관 (환경 개발론)	풍수적 자연관 (우주 조화형)	자연풍수 풍수관 (자연 조화론)
① 자연에 대한 대응	생산, 소비중시	유지, 보존, 융통의 대상	보존, 조화의 대상
② 노동가치	능률(시간삭감)	성숙 (필요시간의확보)	성숙 (필요시간의확보)
③ 자원인식	무한	유한	유한
④ 사회이상	균일화 제일주의	이질성을 존중	상생론
⑤ 행동가치	능력 중시	의견의 조화를 중시	합리적, 논리적 중시
⑥ 인간과 자연	객관적 대상	인간과 자연이 하나임	자연과 인간의 조화
⑦ 방법론	분석 중시	총체성 중시	총제적 중시
⑧ 우주적 해석	정태적 시점 중시	동태적 시점 중시	정태적 시점 중시

자료: 와타나베 교수 주장 풍수도표 (김두규 우리풍수이야기, 2003.)

제 3 절 자연풍수 조화론 4단·연계법의 기본원칙

〈표3-2 참조〉

현대 도시계획의 최종 목표는 '환경 좋은 미래도시' 창출에 목적을 두고 있다. '환경 좋은 미래도시' 창출을 위해서는 그동안 여러 도시계획들이 있지만, 이미 우리나라는 과거 천도나 일반 도시 건설에 풍수를 다양하게 적용시켜 자연중심의 도시를 창출시켰던 사례를 문헌과 고도의 형태를 통해 알수 가 있다.

그래서 현대 도시계획에 있어서 환경 좋은 미래도시를 건설하기 위해서는 풍수적용과 그에 따른 권장사항 및 금기사항이 기본원칙이 필요로 하고 있다.

도시계획은 크게 토지이용, 교통이용, 공공시설, 경관계획으로 나눌수가 있다. 이러한 도시계획의 기본 4가지를 '자연풍수 조화론 4단연계법'을 적용시켜 개발되어질 자연물을 '자연-보존-개발-훼손 / 자연-보존-개발-조화'의 기준을 두고 정책입안자, 현지주민, 환경 및 풍수전문가가 민주형 방식으로 합의를 찾아내고, 권장사항 및 금기사항을 실천하는 것만이 '환경 좋은 미래도시' 창출에 성패가 달려있다고 볼수 있다.

①주변경관을(경관계획에 해당) 위한 고도제한의 경우는 도시계획에서 물과 바람의 조화로운 흐름을 막지 않기 위한 방법중 하나로 과거 양택풍수의 요지는 주산과 안산에서 도시 중심 축이 되어가듯 고도제한은 주변경관을 살리고, 바람 흐름을 살피는데 있다.

②번과 ③번은 (공공시설 해당) 숙박시설과 유흥시설 도심권 배제는 과거 고을풍수에서 숙박 및 주막이 마을안에 있으면 정신적 질서의 흩트러짐을 고려했듯이 동네입구 수구막이에 주막을 두었다. 계룡 신도시의 경우는 숙박시설 및 유흥가가 도심 내 위치는 풍수를 적용한 도시계획이 아닌 일반 도시계획과 다름없는 한계를 드러낸 경우였다.

④번 치산, 치수의(토지이용 해당) 경우는 산맥, 산세 절단 금지와 친수공간 확보는 유세로 인한 곡선의 안쪽이 생산 터가 되고, 반대쪽은 유세가 약하니까, 버드나무를 심어 조경을 한다든지, 아니면 정자나무를 심으면 좋다.

⑤번 녹지상태보존(토지이용 해당)은 생태공원화로 맥을 끊어서는 안되기 때문에 야생동물인(토끼, 다람쥐, 텃새등)을 방목해야 한다.

⑥번은 (민주형 참여방식 도출) 환경도시를 만들기 위해서는 주민

이 주인이 되어야 하는 것처럼 자연 개발에 앞서 정책입안자, 환경 및 풍수전문가, 현지주민이 민주형 방식으로 합의를 도출해내야 한다.

⑦번은 (경관계획 해당) 도시경관에 있어서 주변 환경과 어우러질 수 있도록 주변 건물 전체에 색상 및 디자인까지도 고려해서 결정해야 된다.

⑧방위배치는 (교통이용 해당) 주변 도로와 원활한 교통소통을 의미하며, 더불어 주택에 있어 동,남의 배치는 실생활에 필요한 일조권, 실내,외 공기의 청정 도에 해당된다.

⑨개발범위 합의(민주형 참여방식 도출)는 자연물 개발에 앞서 정책입안자, 현지주민, 환경 및 풍수전문가가 합의로 진행되어야 한다.

1. 권장사항

'자연풍수 조화론 4단 연계법'은 보존, 개발, 조화와 훼손이라는 극 대립을 중재하고, 조화를 위한 개발의 기본원칙을 세우고 있다.

1) 주변경관을 위한 고도제한

지역특성과 자연경관을 살리기 위해서는 고도제한은 필수이며, 고도제한 기준도 현 지표면이 아닌 해발로 두어야 한다.

또한 고도제한은 주변 산 높이와 건축물 높이를 고려해서 허가되어야 하며, 이로 인해 자연경관 방해, 주변 민가 일조권 방해, 사생활 침해 등을 막을 수 있고, 또한 공기의 원활한 흐름을 위해 풍도(풍도)를 보호해야 하기 때문에 고도제한이 이뤄져야 한다.

2) 치산치수

도심을 안고 있는 산세와 도로 개발에 있어서 산세의 절지보다 터널을 우선해야 한다. 시내를 관통하는 냇물은 2급수 이상이 되어야 한다.

3) 녹지상태 보존

도심 내 녹지공간은 생태공원화가 되어야 하며 생태 통로는 맥을 잇기 위해 다양하게 이뤄져야 한다.

4) 의견 및 개발 범위 합의

도시계획에서 공간배치, 주변 자연물의 개발의 결정은 정책입안자, 현지주민, 환경 및 풍수전문가가 민주적 참여방식으로 합의를 얻어내야 한다.

5) 방위배치

건물이 동, 남쪽 방위가 일조권을 충분히 받을 수 있으며, 공기 또한 쾌적함을 얻을 수 있다.

2. 금기사항

1) 상업지구 도심권 입지

풍수에서 마을 공간배치 기준은 부잣집을 중심으로 마을이 형성된다. 그리고 주막은 마을 안에서 배제돼 주로 마을 어귀에 입지하고 있다. 주막이 길손들에게 잘 보이고, 마을 안에서의 배척은 마을 사람들에게 정신적 안정감을 주기 위함이다.

　도시 상업지구(모텔, 유흥)도 마찬가지 이론이다. 일반도시의 상권을 형성하기 위해 도심에 상업지구 허가는 잘못된 경우이다. 미래를 생각하는 도시는 숙박 및 유흥업소를 외곽 도로 주변으로 배치해야 한다.

2) 건축물 디자인 단독결정

　아파트의 경우는 미관 심의라고 해서 아파트 자체에 채색될 색상과 그림들이 디자인된다. 이 부분은 허가사항이 아니라 신고사항이다. 자연풍수 조화론에서 '건축물 디자인 단독결정 금기'는 주변 자연경관 및 건축물, 그리고 용도별의 성격까지 고려해 쾌적한 도심 공간 창출을 위해서이다.

〈표3-2〉 자연풍수 조화론에 의한 기본원칙(권장사항 및 금기사항)

분야	권장사항	금기사항	비교
① 주변경관을 위한 고도제한	●		* 주변경관살리기 * 일조권,사생활침해방지 * 풍도(風道)막지않기.
② 숙박시설도심권		●	* 풍수에서고을배치 사례를 보면 부잣집중심으로 마을이 형성됨. 주막은 입구도로변에 있음. 마을 내 주막 배척은 질서를 위한 것 임. 도시숙박시설도마찬가지 이론. 도시중심부에 있으면, 일반도시와 같은 도시계획에 불과함 .
③ 유흥시설도심권		●	
④ 치산·치수	●		산맥,지맥,절단금지, 자연형, 하천정비로 친수공간확보.
⑤ 녹지상태보존	●		생태공원화, 생태통로설치
⑥ 주민의견 (민주방식합의 도출)	●		정책입안공무원, 환경 및 풍수전문가, 현지주민 (민주방식의 채택)
⑦ 건축물디자인단독		●	주변건축물 색상 및 디자인 고려,관,주도 집행
⑧ 방위배치	●		동,남의 방위를지켜야 일조권 및 실내외, 공기 소통 원할.
⑨ 개발범위합의	●		정책입안공무원, 환경 및 풍수전문가, 현지주민 (민주방식합의 채택)

제 4 장 자연풍수 조화론에 근거한 계룡 신도시 계획 분석

제 1 절 풍수적 특성

1. 일반적 사항

계룡 신도시는 논산시 두마면 일원 60㎢의 지역을 관할하는 충남도 직할 행정조직으로 1990년 3군본부가 들어서면서 시 승격을 전제로 설치됐다.

장기광역발전구상에서는 계룡산을 중심으로 광역도시권을 형성하여, 계룡산은 관광휴식, 상월은 산업, 연산은 주거, 두마는 신도시 권역으로 설정되어있다.

도시개발은 2006년까지 170만평을 개발하고 2011년까지 250만평을 주거, 상업, 공업지역으로 시가지를 개발할 목표를 가지고 있다.

생활권 계획은 계룡시 전지역을 대상으로 삼고 있지만, 북부생활권의 경우는 군사시설 및 군주거단지인 남선지구, 시설지원을 위한 1차개발 및 차기개발을 위한 엄사지구, 첨단과학산업공단, 위락스포츠시설이 들어올 광석마을이 있다.

계룡신도시 1단계 추진계획(91-96년)은 도시기반시설 구축과 신시가지 조성으로 엄사, 금암지구를 개발했으며, 2단계 추진계획(97-2001년)은 도시 중추관리 기능 유치와 신시가지 확장으로 대실지구를 신시가지로 확장개발 하였다. 두계, 엄사지구의 구시가지를 정비하고, 교육, 문화시설을 유치하며, 왕대지구를 도시형 공업단지로 조성해, 현재는 3단계 추진계획(2002-2006년) 중에 있다.

또한 생활 편익시설을 적극 유치하고, 왕대지구의 도시형 공업단지의 확장과 I.C등 광역접근 체계 망을 재구축하고 있다.

그리고 4단계 추진계획(2007-2011년)은 첨단과학산업 연구단지 등 도시 특화사업을 육성하고, 도시기반시설 확충과 정비를 하여[97] 계룡 신도시를 자연중심·인간중심은 물론이고, 환경이 좋은 미래도시로 탄생시키는데 있다.

남부 중생활권은 행정, 상업 업무중심인 금암지구, 주거중심인 대실 농소리지구, 역세권개발과 주거지인 두계리, 도시형 공업단지 조성 및 고속도로 I.C 연결을 위한 왕대리, 임압리가 있다.

그래서 계룡신도시는 생활권설정을 1개 대생활권, 2개 중생활권, 7개 소생활권으로 설정해 놓고 있다.[98]

충청남도 출장소인 계룡출장소가 설치 14년 만에 2003년 10월1일 市로 승격될 전망이다[99].

그렇게 되면 지방교부세와 양여금 등 200억원 상당의 국고를 추가로 지원받을 수 있어 군사문화 중심도시로서 획기적인 발전을 꾀할 수 있을 것으로 보고 있다.

---

97) 충청남도 계룡출장소,「계룡신도시 종합발전계획」,2000, p.32.
98) 충청남도계룡출장소,「계룡도시계획」1991, p.14.
99) 동아일보 2003년 6월30일자

2. 풍수적 특성

1) 천도설의 역사적 과정

계룡은 조선이래 이상적인 국도지로 주목을 받아왔고, 600년 가까이 세월이 흐르면서 지금도 계룡산을 중심으로 새로운 도시형성 가능성을 비추고 있는 것은, 풍수에서 말하는 자연조건이 완벽하게 갖추어진 터이기 때문이다.

계룡은 충남의 상징이자 한국의 명산 계룡산을 주산으로 '산태극, 수태극'[100], '회룡고조'의 독특한 지형지세가 조선 초 천도까지 거론돼 이미 널리 알려진 곳이다.

태조는 천도문제를 앞두고 정당문학 권중화[101]를 양광(경기,충청,

---

100) 山太極: 風水地理的 해석에 의하면 白頭山 精氣가 남으로 뻗어내려 太白山脈과 小白山脈으로 갈리어 韓半島의 끝에 가서 뭉친 곳이 智異山이며, 智異山 精氣가 거꾸로 北上하여 새삼 精氣를 모아 이루어진 산이 鷄龍山이라 하여 이 기세를 逆龍七百里라고 한다. 또한 太白山脈이 金剛山과 太白山을 거쳐서 南下하다가 서쪽으로 구비쳐서 蘆嶺山脈을 이루고 德裕山에 이르러 갈라져 C形으로 구부러져 雲長, 東金(馬耳), 西節峰k 大屯山을 거쳐 올라가다가 우뚝 솟아오른 산이 鷄龍山이라 하여 逆龍四百里라 하며 北上한 산맥이 둥글게 구부러진 까닭에 '山太極'이라 한다.
   水太極: 鷄龍山을 싸고 흐르는 錦江의 形勢를 말하는데 錦江은 全北 장수~진안~무주~대전~신탄진~부강을 거쳐 북으로 거슬러 鷄龍山을 휘돈 후 공주~부여~강경을 거쳐 장항과 군산 사이로 빠져 흘러 逆流四百里를 이루는 동시에 新都안의 豆溪川은 동남쪽으로 빠져 나가다가 다시 동북쪽으로 逆流하여 錦江 源 줄기와 合流하는 거대한 太極의 모습을 보이고 있기 때문에 '水太極'이 된다는 것.
   「동국여지승람 권17」서거정의「취운루기」최창조의「좋은 땅이란 어디를 말함인가」「계룡산지」
101) 고려말 조선초의 문신(132~1408) 본관은 안동. 자는 容夫, 호는 東皐. 아버지는 都僉議政丞 漢功이다. 1353년(공민왕2) 문과에 급제하여 우·좌부대언(右左副代言)을 지내고, 지신사(知申事)로서 전선(銓

경상,전라)방면에 보내 왕실안태의 길지를 조사케 하였다.

태조 2년 1월 무신조에 의하면 태실증고사 권중화[102]가 돌아와 상언하기를 '전라도 진동현에서 길지를 찾았습니다' 하면서 이에 산수형세도를 바치고, 겸하여 양광도 계룡산의 도읍지도를 바쳤다.[103]

그뒤 태조는 5일동안 계룡산에 머물면서 새 도읍지가 될 형세를 살피고, 친히 신도 중앙의 고부 (고부: 신도안 중앙의 석계리 중봉으로 추측됨)에 올라 주위 형세를 보고 대단히 마음에 들었던지 신도공사를 지시하고 개경으로 환궁했다. 그러나 태조 이성계는 공사가 1년여 정도 진행 중인 시점에서 돌연 대장군 심효생을 계룡산에 보내어 신도사업을 그만 두게 했다.[104]

그 이유는 경기 좌우도 도 관찰사 하륜의 다음과 같은 진언에 의해서이다.

호순신의 이론에 따라 터의 길흉화복을 판단하는 방법을 예시하면 다음과 같다. 계룡산 도읍지가 명당이 아니라는 하륜의 상소문 (서기 1492년)을 예를 들어, 왜 그곳이 호순신의 이론에 따를 때 흉지가 되는가를 살펴보자.

選, 인사행정)을 담당했다.

1377년(우왕 3) 정당문학으로 동지공거(同知貢擧)가 되어 과거시험을 주관했으며, 그뒤 삼사좌사(三司左使)·문하찬성사 등을 지냈다. 1390년(공양왕2) 윤이(尹彛)·이초(李初)의 옥사에 연루되어 유배되었으나 곧 풀려나와 다시 등용되었다. 또한 고사(故事)를 두루 알았으며 지리복서(卜筮)에 통달하고 전서(篆書)에도 능했다. 시호는 문절(文節)이다.

102) 고려때 相地官으로 醫藥地理卜筮摩有不通으로 기록된 風水 專門家.
103) 태조실록, 태조 2년 1월 무신조.
104) 「계룡산지」충청남도, 1994, pp.543~545.

"(...)지금 듣건대 계룡산의 땅은, 산은 건방(乾方)에서 오고 물은 손방(巽方)에서 흘러간다 하오니, 이것은 송(宋)나라 호순신(胡舜臣)이 이른 바, '물이 장생(長生)을 파(破)하여 쇠패(衰敗)가 곧 닥치는 땅'이므로, 도읍을 건설하는 데는 적당하지 못합니다."

호순신의 이론에 따라 이것의 길흉화복을 따지는데 몇 가지 전제조건이 따른다.

호순신은 포태법과 구성법을 동시에 하나의 체계로 한다. 또 사국(四局)을 나누는데, 현재 가장 많이 쓰이는 수구를 중심으로 四局을 나누는 것이 아니고, 대오행(종묘오행, 혹은 홍범오행)에 따라 산을 사국(四局)으로 분류한다. 하륜의 상소문을 보면 계룡산 도읍예정지의 경우 '산이 乾방에서 오고 물은 손(巽)방으로 흘러간다'고 하였다.

따라서 乾방 대오행(종묘오행, 홍범오행: 표4-1 참고)에 따라 금국(金局 혹은 金山)[105]이 된다.

〈표4-1〉 '대오행(大五行)에 따른 분류'

水	子寅甲辰巽申辛戌
火	乙丙午壬
木	艮卯巳
金	丁酉乾亥
土	未坤庚癸丑

금산(金山)일 경우 물이 빠져나가는 방향이 손방일 때, 호순신의 이론에 따르면 탐랑(貪狼)이며 동시에 포태법으로 養(하륜은 長生 탐

---

105) 김두규 역해, 호순신의 지리신법, 장락 출판사, 2002.

랑으로 보았으나 養 탐랑이 정확 하다)에 해당된다106)〈표4-2 참고〉.

〈표4-2〉 '구성과 포태법 및 길흉 관계표'

九星	貪狼	貪狼	文曲	文曲	武曲	武曲	右弼	巨門	左輔	廉貞	廉貞	破軍	祿存	祿存
胞胎	養	長生	沐浴	冠帶	臨官	帝旺		衰		病	死	葬	胞	胎
金山	辰巽	巳丙	午丁	未坤	申庚	酉	辛	戌	乾	亥壬	子癸	丑艮	寅甲	卯乙
水土山	未坤	申庚	酉辛	戌乾	亥壬	子	癸	丑	艮	寅甲	卯乙	辰巽	巳丙	午丁
木山	戌乾	亥壬	子癸	丑艮	寅甲	卯	乙	辰	巽	巳丙	午丁	未坤	申庚	酉辛
火山	丑艮	寅甲	卯乙	辰巽	巳丙	午	丁	未	坤	申庚	酉辛	戌乾	亥壬	子癸
吉凶	吉	吉	凶	凶	吉	吉	吉	吉	吉	凶	凶	凶	凶	凶

이것은 호순신 水論 "大率欲水各自其吉方來凶方去"(대개 물은 오
는 곳은 길방이어야 하고 나가는 곳은 흉방이어야 한다)에 위배된다.
호순신은 길방과 흉방을 다음과 같이 분류하고 있다.(표4-3 참조)

〈표4-3〉 호순신의 길·흉방표

九星	貪狼	貪狼	文曲	文曲	武曲	武曲	右弼	巨門	左輔	廉貞	廉貞	破軍	祿存	祿存
胞胎	養	長生	沐浴	冠帶	臨官	帝旺		衰		病	死	葬	胞	胎
吉凶	吉	吉	凶	凶	吉	吉	吉	吉	吉	凶	凶	凶	凶	凶

---

106) 하륜이 탐랑 가운데 양과 장생을 혼동함이 확실함은 호순신의 탐랑
론의 다음 문장에서 명확하게 밝혀진다. 「如金山辰巳之吉凶則必見於
陽巽丙之吉凶必見於陰」.(예컨대 金山의 경우, 養인 辰과 長生인 巳의
탐랑수의 길흉화복은 반드시 남성 부류에서 나타나고, 養인 巽과 長
生인 丙의 탐랑수의 길흉화복은 반드시 여성 부류에서 나타난다.)

"도읍은 마땅히 나라의 중앙에 있어야 될 것인데, 계룡산은 지대가 남쪽에 치우쳐서 동면, 서면, 북면과는 서로 멀리 떨어져 있고, 지금 듣건대 계룡산 땅은, 산은 건방(乾方)에서 오고 물은 손방(巽方)으로 흘러간다 하오니, 이것은 송나라 호순신의 '수파장생, 쇠패 입지'에서 이른바 물이 장생(長生)을 파하여 쇠패(衰敗)가 곧 닥치는 땅이므로 도읍을 건설하는 데는 적당치 못합니다." 이에 왕이 명하여 글을 바치게 하고 판문하부사 권중화, 판삼사사 정도전·판중추원사 남재 등으로 하여금 하륜과 더불어 참고하게 하여, 또 고려왕조의 여러 산능의 길흉을 다시 조사하여 아뢰게 했다.

이래서 계룡산의 천도는 중단되고 그 결과 한양의 신도 경영으로 이어졌다. 이에 대해 최창조는 '한국의 자생풍수1'에서 새로운 주장을 제시했다.

첫째, 계룡산 천도설은 그곳이 무슨 대단한 길지이기 때문에 발탁된 것처럼 전해지고 있으나 사실은 태조가 천도를 기정 사실화하기 위한 방편으로 이용되었을 뿐이라는 점이다.

둘째, 태조는 처음부터 서울 혹은 그 인근 지역을 자신의 수도로 점찍어 두고 있었다는 점이다. 그는 서울과 그 인근 지역에 관하여 상세한 정보를 가지고 있었다.

셋째, 태조가 굳이 신하들 대부분의 반대를 무릅쓰고 천도를 고집한 것은 풍수 및 도참사상에 빠져 있었기 때문이다. 특히 서울을 고집한 것은 당시 유행되던 비기들이 한결같이 이씨의 한양 개국설을 뒷받침하고 있다.

넷째, 중신들은 풍수적 이유 때문이 아니라 자신들의 편의만 생각하여 천도를 반대했다는 점이다. 그들은 계룡산에는 일치하여 반대했는데, 태조도 이를 강력히 주장하지 않았기에 성공할 수 있었다. 하지만 한양을 떠올렸을 때에는 별다른 반대가 없이 태조의 뜻을 따랐다. 뚜렷한 반대의 의견이 있다기보다 자신들의 입장과 태조에 대한 눈치보기를 잘 알 수 있다. 그들이 내세운 풍수다운 풍수는 계룡산이 '수파장생'으로 '쇠패입지'의 땅이라는 정도의 이론뿐이다.

풍수사상은 그런 사람들의 뜻을 펴기 위한 혹은 감추기 위한 방편으로 이용되었을 뿐이다. 중요한 것은 땅의 이치(地理)가 아니라 사람의 일(人事)들로 한양 천도의 예에서 잘 드러난 셈이다.[107]

김용옥은 이에 대해 하륜의 논의의 타당성을 떠나 이 지역은 계룡산의 명당면적이 한나라의 수도가 들어앉기에는 너무 협애(狹隘)하며, 지리적으로도 남쪽에 치우쳐 한반도 도리의 균형을 얻지 못한 곳이며, 해안으로부터 거리가 멀고, 대하가 없어 수송과 용수가 불편한 곳임에는 틀림이 없었다[108]고 했다.

여기에서 계룡 신도안이 길지였다면 이곳에 천도를 했어야지, 한양으로 떠난 이유가 무엇이냐, 결국 계룡 신도안이 길지가 아님 때문이 아니냐 하는 이견도 있다.

분명한 것은 계룡 신도안이 조선초 천도 상대역으로 최적의 길지였다는 점이다. 하지만 길지론에 앞서 조선개국 1세대와 2세대 사이 보이지 않은 권력싸움과 땅의 협애함에 공사 중지에 무게를 둔다면 계룡 신도시는 조심스럽게 개발되어질 길지로 보아야 할 것이다.

2) 풍수적 특징

선조때 유운룡[109]의 '계룡사부설'[110]을 인용한 '충남산업지'는 대

---

107) 최창조,「한국의 자생풍수1」민음사, 1997, p.172~173.
108) 김용옥,「도올의 청계천 이야기」통나무, 2003, p43.
109) 유운룡 1539~1601년 조선중기 문신, 학자, 본관은 풍산, 자는 응견,

전-논산간의 큰 도시 건설조건이 구비되었다고 말하고, 이 지역은 대도시로 발전할 수 있는 지역특성과 주변여건을 갖추었다고 하고 있다.

당시 유운룡이 예견했던 계룡사부설을 현재의 주변 여건과 비교해 풀어보면 다음과 같다.

'동유(東有)'는 '의정부-유성·대전'으로 조선때 최고 합의기관으로 오늘날 국무회의 또는 국회와 비유 정부종합청사나 국회의사당이 동쪽 유성과 대전에 위치한다는 뜻인데, 이것은 대전시 둔산지구를 들수 있으며, 앞으로 이곳에 행정수도 이전계획설까지 나돌아 더욱 관심을 갖게 한다.

'서유(西有)' '군부-논산무평'은 계룡산 서쪽에 위치한 무평으로 지금의 연무대를 지칭한 것, 연무대에 육군 제2 훈련소가 위치해 국방의 간성을 배출하고, 현재 이곳은 향토방위를 담당하고 있다.

'남유(南有)' '계룡부-진평'은 남쪽 두마뜰에 조선때 한성부, 현 서울특별시청과 같은 것인데, 계룡시청이 자리 잡는다고 할 수 있다, 현재 이 지역을 계룡시가 개발 중에 있으며, 계룡 시청도 두마뜰에 세워졌다. 이곳 정장리의 명칭은 대귀신, 대정수문을 생각하여 대궐에 귀신이 들어오지 못하게 신도내 입구의 지명을 정장리라 이름지었듯이 동서남북 사대문을 생각하였고, 신도안은 좌향(坐向)이

호는 겸암, 이황의 문하에서 수학을 했다. 어릴 때부터 총명하여 모든 경사(經史)를 통독해 사문의 촉망을 받았다. 1572년(선조2) 친명으로 음사(蔭仕)를 받아 전함사별좌(典艦司別坐)가 된 뒤 이듬해 의금부도사로 추배되었으나 사퇴하였다. 광흥창주부, 한성부판관, 평시서령, 사복시첨정등을 두루 역임하였다. 학문에 있어서는 이기설이나 사칠논변(四七論辨)은 이황의 이기이원론에 근거를 두고 변증을 시도하려했다. 저서는 '겸암집'이 있다.
110) 대전시지편찬위원회,「대전시지」'계룡 신도안편'발췌 1978.

남방(南方)이며 계룡산은 화국(火局)으로 수(水)가 필요하다. 그래서 내(川)가 있는 남쪽에 계룡 신도시가 계속 건설 중에 있다.

궁내부는 '계룡산하 신도안'으로 궁궐 즉 국가의 중추기관이 위치할 곳을 말하는데, 이 신도안은 풍수지리설로 볼 때 대길지, 동서북이 막히고 남쪽만 트여 풍광이 뛰어나 십승지지(十勝之地)의 땅으로 국가의 중추인 궁궐이 들어설 수 있는 완벽한 조건을 갖춘 곳이다. 이렇듯 계룡산 아래는 계룡사부가 들어선다는 설이 오랫동안 전해 내려왔던 것은 사람이 거주하고, 활동하기에 최적의 터였던 것으로 볼 수 있다. 계룡 신도시는 이러한 풍수적 역사를 안고 충남지역 중심기능 및 국가중추기능을 수행하고자 우리 실정에 맞는 신 도시건설을 오래 전부터 계획해 왔다.

① 지형·지세

신도안 지형지세를 풍수에서 말하는 장풍득수처(藏風得水處)의 사신사(四神砂)로 본다면 선인봉은 청룡이 되고, 국사봉은 백호이며, 삼불봉은 현무가 되고 대둔산은 주작으로 볼 수 있다.

계룡산 주봉인 상봉에서 동쪽인 대덕, 진잠 쪽으로 우산산맥의 용동리, 관암산(524m)과 시루봉(405m), 조개봉(318m)을 잇는 좌청룡날과, 서쪽인 두마면 향한리 향적산(574m)과 양정고개 천호산을 잇는 우백호로서 안산(案山)은 왕대산(242m)이다. 이렇게 신도안을 좌청룡과 우백호가 옹위하고 산맥은 숫용추 계곡과 용화사 암용추 계곡 쪽에서 흐르는 내와 밀목재 남쪽 계곡에서 흐르는 세 줄기 계곡물이 부남리 궁궐평을 양쪽으로 감싸고 돌아 정장리 벌뜸에서 합쳐져 신도천을 이루고, 남쪽으로 흘러 두마와 대전 경계 지점인 기성면 원정리 영회마을 앞에서 벌곡천과 합하여 구부러져 동류하여 갑천이 되고, 다시 신탄진에서 금강본류와 합류하는 신도안을 중심

축으로 하여 산천이 감싸고 흘러서 바람개비가 돌아가는 것 같은 산태극, 수태극의 형국을 이루고 있다.

산태극과 회룡고조란 결국 같은 형세에 대한 이중 표현으로, 진안의 마이산, 덕유산의 맥이 무주-영동-대전 동쪽-회덕을 거쳐 공주로 이어지고, 이것이 다시 북쪽으로 방향을 바꾸어 공주군 계룡면의 경계를 따라 이어져 결국 역C자 형을 이룬다는, 즉 태극 혹은 용세가 머리를 돌려 근원을 돌아보는 고조(顧祖)의 형세라는 것이다. 〈그림4-1 참조〉

〈그림4-1〉 회룡고조 맥세도

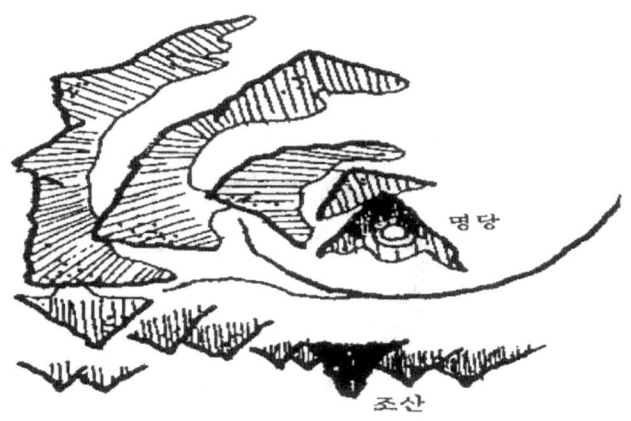

〈충청남도, 계룡산지, 1994, p.525, 그림6 자료 인용〉

계룡산의 산태극, 수태극 경로에서 '산태극'의 경로를 보면 지리산-덕유산-마이산-대둔산-천호산-양정고개-계룡산상봉-황적봉-관암산-조개봉-약사봉-위왕산-구봉산이다.

'수태극'의 경로에서 대태극은 장수-진안-무주-영동-대청호-금강-신탄진-부강-공주-부여-서해이다.

소태극은 계룡산 숫용추·암용추-신도안-두계천-무도리-갑천-대전-부강-공주-부여-강경-서해[111]이다. 흔히 생각하는 바와 같이 산태극, 수태극, 회룡고조의 계룡산이 최대 길지이냐 하는 데는 이론의 여지가 있다. 하지만 탄허[112]스님은 '후천세계에 역이 바뀌어 계룡산이 축이 되어 지구가 돈다'고 예언하고 정감록의 비결을 만주 곤륜산의 북계룡이 아닌 남쪽의 계룡산[113]으로 풀었다.

이것은 계룡신도시지역이 산·수태극, 음양화합의 대길지로 후천세계 지구의 축으로 하여 종교인까지도 계룡의 시대를 예고[114]하고 있다. 〈그림4-2 참조〉·〈그림4-3 참조〉

② 지 명

지명은 우리나라에만 국한된 것이 아니라, 세계 어느 나라에서도 역사적, 지형적 관계를 볼 수 있지만, 특히 우리나라 지명의 경우는 미래를 바라볼 수 있었던 자연관이 담겨 있음을 알 수 있다. 지명을 역사적으로 보면 신라 소지왕까지는 예부터 내려오는 고유의 것

---

111) 최창조,「좋은땅이란 어디를 말함인가」서해문집, 1990, p.133.
112) 전북 김제(1913~1983) 강원 월정사, 승려, 속성은 경주 김씨. 법명은 택성(宅成). 불교에 입문하기 전 기호학파 최익현 계통에서 한학(漢學)을 수학했으며, 도학(道學)에도 상당한 경지를 이뤘다. 1934년 22세에 오대산 상원사(上院寺)로 출가, 3년 간 묵언(黙言) 참선의 용맹정진으로 수행했으며,
月精寺 祖室, 오대산연수원 원장, 1964~71년 동국대학교 대학선원 원장 역임. 1967년 조계종 초대 중앙역경원 원장을 지내면서 팔만대장경의 한글 번역작업, '한글대장경' 간행, 동양철학에 해박한 지식으로 도쿄대학 동양학 세미나에서 화엄학 특강, 또한 타이완 국립타이완대학교의 심포지엄에서 비교종교 특강, 1983년 오대산 월정사 方山窟에서 世壽71세, 法臘49세 입적.
113) 충청남도계룡출장소,「계룡의 어제와 오늘」1999, p.182.
114) 충청남도 계룡출장소,「계룡소고」1991, pp.50~51.

이었으나, 경덕왕에 이르러서는 중국식으로 크게 바뀌었다. 중국식 지명이란 결국 한자식 지명을 뜻하여 山, 谷, 新, 大, 松, 川, 峴 등 의 한자가 가장 많이 쓰이고 있다.

〈그림4-2〉 계룡산 산태극·수태극

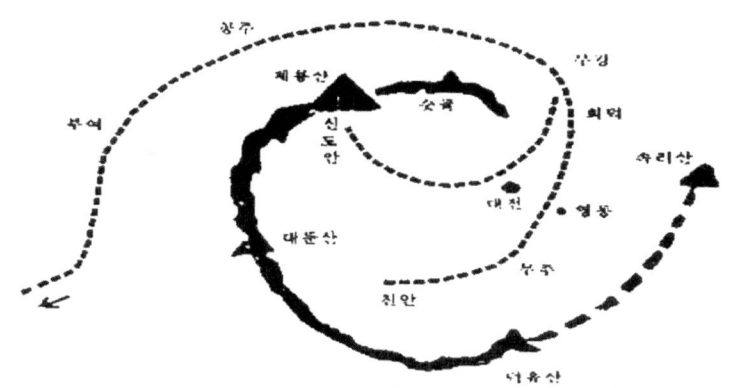

〈최창조, 좋은땅 어디를 말함인가, 서해문집, 1990, p.133. 그림 1-2 자료 인용〉

〈그림4-3〉 계룡산 산태극·수태극

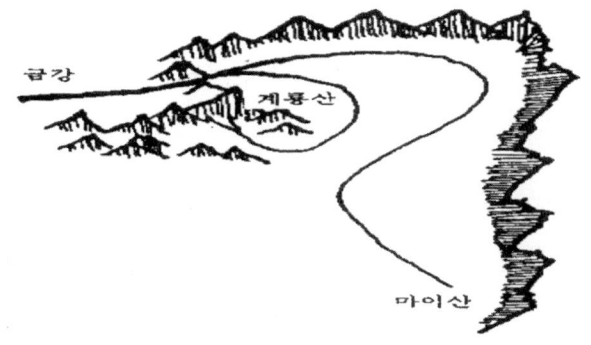

〈충청남도, 계룡산지, 1994, p.525, 그림5 자료 인용〉

이는 한반도에 산악지형이 많아 산과 골짜기를 넘는 고개, 그 사
이를 굽이치는 하천을 반영하는 것이며, 인구증가와 개척·개간에
따른 새로운 마을의 형성과 어딜 가나 흔한 나무가 소나무였음을
시사하는 것이다. 그 다음은 上, 內, 南, 東, 下 등의 한자와 石, 岩,
水, 浦, 井, 村, 長, 龍, 月 등이 많은 편이다. 이는 마을의 위치나 방
위를 뜻하는 것이며, 특히 우리 민족이 전통적으로 남동 방향을 선
호했다는 증거일 것이다. 또한 큰 바위가 이정표 역할을 하거나 남
근숭배사상 혹은 거석숭배사상을 반영하고, 항상 물을 염두에 두고
터를 잡거나 물을 이용하는 생활양상을 반영한 지명이다.

한국 지명 전체를 통틀어 보면 자연환경과 관련된 지명이 가장 많
은 것이 두드러진 특징이며, 유교의 오륜에 관한 덕목의 한자가 많
이 쓰이고 있는 것도 우리의 역사적 배경을 설명해 주는 것이다.[115]

계룡 신도안의 경우도 이내언이 1929년7월25일 제작한 계룡산 지
도를 보면, 지세에 따라 지명이 상세히 밝혀져 있다.〈그림4-4 참조〉.

고지도를 통해 계룡산과 신도안 지명을 보면,[116] 신도안 입구에
해당되는 정장리를 비롯하여 크게 중앙에 위치한 석계리 종로터,
부남리 대궐터, 중봉, 외곽으로 동문, 북문, 서문이 있고, 지도상에
는 나와 있지 않지만 신도안의 수구막이에 해당되는 위왕산 기린봉
자락의 두마면 왕대리, 무도리[117]가 있다.

계룡 신도시의 전반에 걸친 지명의 유래를 살펴보면 두마면 두계
리의 두계는 신도안의 바깥쪽이라 하여 "밭거리"라 불렀으며, 밭이

115) 남영우·서태열, '세계화시대의 도시와 국토', pp.137~138, 법문사,
2001.
116) 지도는 淡彩紙本으로 매우 상세하게 기록되어있다. 현재 충청남도 자
료실에 소장되어 있음.
117) 1「계룡산지」1994, pp.528~530.

많고 특히 녹두가 잘되어 '팥거리' '豆村'이라 하였는데, 계곡에 녹두밭이 많아 '豆溪'라 부르게 되었다.

두계리의 구례실은 농소리의 대실, 유동리의 소라실과 함께 삼실로 불리우며, 골짜기는 양지바른 마을로 일설 고관대작들이 퇴직후 살만한 고을로 좋은 주택가가 위치할 지역이다.

금암리의 금암은 개태사의 못된 노승을 붙들려고 왔던 장군이 화가 나 칼로 바위를 두 동강을 냈다는 암소바위와 탕건바위가 있다. 뒤에는 하민들이 피난 와 살았다는 바위굴, 사람의 시신같이 생긴 송장바위 등, 여러 가지 바위가 있어 '금암'이라 부르게 되었다.

〈그림4-4〉 이내언씨가 제작한 계룡
신도시 지명지도(1929년)

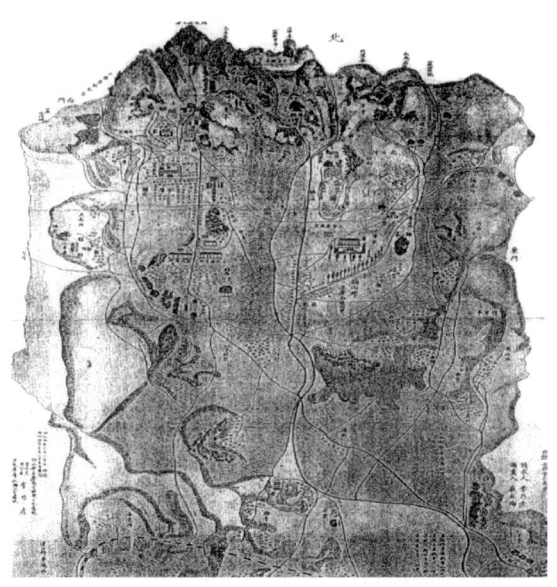

〈충청남도, 계룡산지, 1994, p.529, 그림7 자료 인용〉

쇠(金), 바위(岩)의 글자로 이루어져 예로부터 금융·상업 관련 시설의 입지가 예견되어 온 지역이다. 금암리의 광수(光秀)는 山 뫼뿌리가 넓은 지역으로 자명이 빛(光), 빼어날(秀)로 여러 지역을 이끌어 갈 시설입지가 예견되어온 지역으로 볼 수 있다.

향한리의 향한(香汗)은 두마면과 상월면의 경계를 이루는 향적산과 식한면의 이름을 따서 "香汗"이라 불리게 되었으며, 자명이 향기로운(香) 땀(汗)으로 정신노동의 터가 될 것으로 기대하고 있다.

도곡리의 도곡(道谷)은 옛날부터 선비들이나 道를 닦는 사람들이 모여드는 곳으로 才士가 많았고, 힘이 장사인 남자들이 삶을 달래며 일생을 사는 곳이라 하여 '도방골' '됫방골' '도곡'이라 불렀다.

明재는 크고 넓은 길을 明재로 일컬어 왔으며, 일설에 의하면 향적산 아래쪽으로 큰길이 조성되어야 한다고 전래되고 있다. 명재는 -멘재로, 멘재는-먼저로 음률이 전이돼 고갯길 도로가 제일 먼저 날 것으로 예견되었다.

엄사리 엄사(奄寺)는 음절부락에 엄사라는 유명한 절(현재는 절터만 있음)이 있어 유래되었다. 연화동은 이 마을에 연화산이 있었고, 그곳에 연화부수형(蓮花浮水形)의 명당자리가 있어 지명이 유래되었다.

양정(兩鄭)고개는 양정터라고도 하며, 鄭氏 두 사람이 王자리를 놓고 싸운다고 해서 '양정고개'이며, 양편으로 갈려 다툼이 있어 '양정고개'라 했다.

왕대리의 왕대(旺垈)는 계룡의 안산인 왕대산이 있어 왕대리라고 불렀으며, 몇 백년 후는 왕릉이 이곳에 세워진다고 전해온 터, 은동은 선비들이 은둔하여 사는 마을로 전래된다.

입암리 입암(立岩)은 백제가 신라군에게 패하고 의자왕이 항복하여 나라를 잃었을 때, 백제를 다시 일으키기 위하여 많은 백성과 군사들이 운집하여 신라군과 싸웠던 지역으로 바위가 서있다 하여 '선바위' 또는 '입암'이라 불렀다.

수복동은 오지로서 기존 취락이 마적떼들의 습격을 받아 사람이 살지 못하고 쫓겨난 지역으로, 삼국시대 견훤이 후백제 건립 꿈을 키운 지역이라는 설도 있으며, 字名이 목숨 壽, 엎드릴 伏자로 안식처로 적합한 지역으로도 유래되어 왔다. 천호봉은 고려태조가 이곳에 와 하늘의 보호에 감사드린 것에 지명이 유래되어 왔다.

유동리 유동(柳洞)은 옛날에 집이 2～3호 밖에 없던 이곳에 柳氏 성을 가진 여승이 찾아와 암자를 만들고 불도를 닦고 있던 중 도적들의 침입을 받아 一代를 못넘기고 암자가 없어지게 되었는데, 순흥 안씨가 이 고을에 정착하기 위해 왔다가 암자의 사연을 듣고 여승의 姓인 '유'자를 따서 유동리라 불렀다고 한다. 버드나무 고을, 꾀꼬리가 앉아 우는 형상, 명당자리가 있는 지역으로 묘가 많이 들어 있다.

광석리의 광석(光石)은 마을 가운데 넓은 바위가 있는데, 농번기새 때에 둘러앉아 휴식을 할 수 있는 큰 바위였다. 이로 인하여 마을 이름이 '너분들'이라 불리었는데, 그 후 변하여 '廣石' '光石'으로 부르게 되었다.

너분 들은 넓은 들이 있는 지역으로 지명이 유래되었다는 설도 있고, 일설은 비단을 넓어놓은 형상의 들이라는 설도 있다.

농소리 농소(農所)는 마을 뒷산에 태조 이성계가 왕위에 오르기 전에 산제를 지낸 터전이 있으며, 물의 원천이 좋고 산세가 수려하여 농토가 많고, 누에가 누워있는 형상으로 농사짓기에 알맞은 지역이라 하여 '농소리'라 불렀다.

부남리의 부남(夫南)은 고려말 북쪽 노적봉 중단부에서 부처님

형상을 한 바위에서 빛을 발하고 있어, 이를 신성시하여 '불암리'라 부르다 부남리로 변했다.

석계리 석계(石溪)는 냇물과 계곡에 돌이 많아 석계리라 부르게 되었다. 현재 계룡대가 위치하고 있다.

용동리 용동(龍洞)은 용이 승천했다는 용추가 있다, 또는 용이 산다고 해서 '용동' '용추골'로 불리다가 용동리로 되었다고 한다. 작산(作山)은 인위적으로 산이 만들어질 것으로 예견되었던 곳으로 현재는 신도저수지 제방이 되어 있다.

괴목정은 예로부터 괴목(槐木)이 잘자나는 지역으로 전래되며, 무학대사가 꼽아놓은 지팡이가 살아 큰 괴목이 되었다 하여 괴목정으로 불리웠다 한다.

금계동은 금계(金鷄)가 알을 품고 있는 금계포란의 명당이 있어 금계동이라 부르게 되었다. 암용추는 암용이 살았던 못이 있고, 부남리의 숫용추와 더불어 신도안 지역수세의 시발점이다.

남선리의 남선은 신도안 남쪽에 있어 '남산'이라 하던 것이 변하여 '남선리'라 불리게 되었다.

대전시 유성구 방동리의 위왕산은 천왕봉(신도안지역)을 보호하는 산으로 파수꾼 역할을 한다는 풍수지리설에 의거 지명이 유래되었다.

연산면 화악리의 무주리(수락터)는 물(水)이 많이 숨어있는 계곡이라는 뜻으로 지명[118]이 유래되었다.

또한 신도안 삼골은 적을 이길 수 있다는 골짜기로 정장리와 엄사리 사이에 있는 '승적골'과 역적봉에 있는 골짜기로 남선리에 '대

---

118) 충청남도 계룡출장소.「계룡도시계획」상게서, pp.59~61.「계룡의 어제와 오늘」pp.189~321. 참조.

적골'이 있다.

전쟁 때 적이 더 이상 못들어 간다는 '노적골'이 상세동과 남선리 접경지역 골짜기에 있다.

신도안 삼무는 칡넝쿨이 2자 이상 크지 않고, 게와 가재가 없고, 뱀이 없는 게 특징, 그리고 삼실은 구례실(두계리) 대실(농소리) 소라실(유동리)로 오랫동안 사람이 살만한 곳으로 좋은 터를 지칭하고 있다.

삼수는 두계(신도안에서 흘러 갑천에 합류하는 내)와 사계(향한리 향적산에서 발원하여 광석리, 연산면으로 흐르는 내)와 용추계[서용소(숫용추), 동용소(암용추)에서 흐르는 내]가 정장리 '벌뜸'에서119) 합쳐진다.

계룡 신도시도 한국지명 변천과정과 비슷하게 전개되어 왔지만 지명 등의 공통점을 보면 자연 및 지형지세에 근원을 두고 있다. 특이한 점은 어느 경우의 지명은 미래까지 예측하는 놀라운(두계리 사계 김장생 집 보존뜰) 지명도 있다. 계룡 신도시는 도시계획에 있어서 도심공간에까지 자연스럽게 지명을 풀어 적용시키고 있다.

제 2 절   도시계획 특징

1. 도시계획의 목표

계룡 신도시계획에 있어서 시설배치에 따른 도시골격은 금학이 천황봉을 향해 날아오르는 금계비상형으로 지역 특성과 상징성을

---

119) 「鷄龍小考」pp.59~87. (엄사리 김선학, 광석리 김용호氏 敍述 參照)

부각시켰으며, 신도시 건설은 국가적으로는 백제문화권 개발, 지역적으로는 중앙의 지원하에 신도시 건설을 촉진하며, 행정적으로 계룡시를 승격시켜 자치권을 확보해 충분한 시간을 가지고 단계적이고 전략적으로 사업을 확정할 예정이다. 〈그림4-5 참조〉

금학이 천황봉을 향해 날아 오르는 금계비상형으로 보면 벼슬에는 행정중심을 놓고, 눈은 새터산, 목, 가슴은 상업용지, 심장부위는 혈지산 녹지공간, 몸통 및 꼬리부위는 고속도로와 국도로 연결시킨다.

〈그림4-5〉 계룡도시계획 골격 상징도

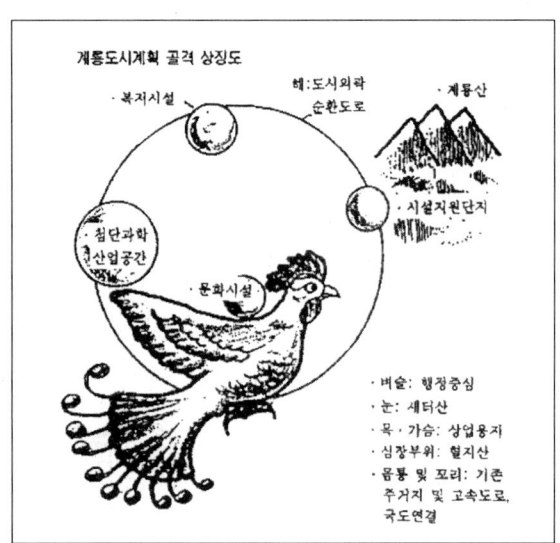

〈충청남도, 계룡산지, p.566, 그림11 자료 인용〉

또한 금학의 주변은 첨단과학산업공간, 복지공간, 문화시설, 도시외곽순환도로로 상월과 대전을 연결하는 동서를 부축(副軸)으로 지역 간 연결체계를 구성하였다. 〈그림4-6 참조〉

〈그림4-6〉 중요보존지구분석도

〈충청남도 계룡출장소, 계룡도시계획, 1991, p.110. 자료〉

   인구수용에 있어서는 2단계인 2001년에 10만의 인구수용 구상을
하였지만, 현재는 30,824명[120](유입인구 22,155명, 군인가족 14,192
명, 토착민 4,370명, 외국인 107명)으로 10만 인구 유입 목표를 대
비해 보면 매우 저조한 편이다.〈그림4-7 참조〉·〈그림4-8 참조〉·
〈그림4-9 참조〉

---

120) 계룡출장소, 주민등록인구, 2003년 4월30일 기준.

〈그림4-7〉 도시공간 구조구상 대안 ①

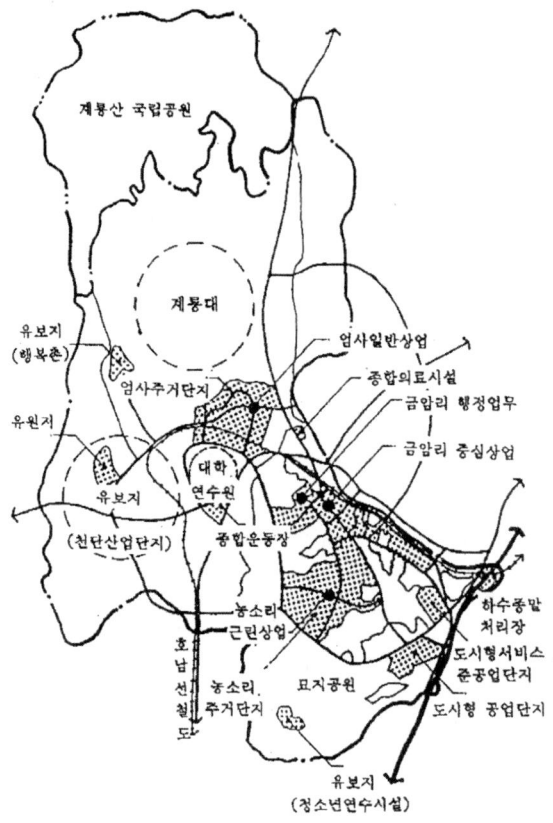

〈충청남도 계룡출장소, 계룡도시계획, 1991, p.97.자료〉

〈그림4-8〉 도시공간 구조구상 대안 ②

〈충청남도 계룡출장소, 계룡도시계획, 1991, p.98.자료〉

〈그림4-9〉도시공간 구조구상 대안 ③

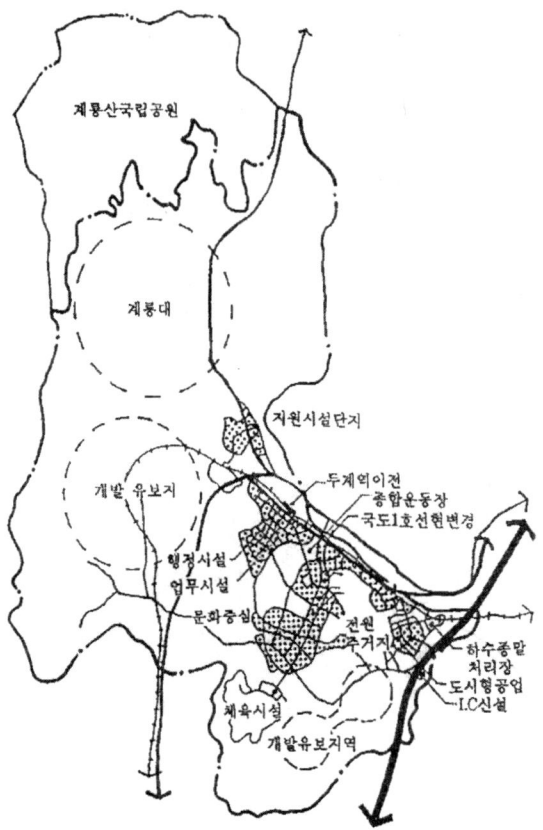

계룡산국립공원

계룡대

지원시설단지

개발유보지

두계역이전
종합운동장
국도1호선헌변경

행정시설
업무시설

문화중심

전원
주거지

하수종말
처리장
도시형공업
I.C신설

체육시설

개발유보지역

〈충청남도 계룡출장소, 계룡도시계획, 1991, p.99.자료〉

　그렇지만 계룡 신도시는 도시성장 3단계인 2011년까지 문화전반
시설을 성숙하게 갖추고, 인구 15만명 유입 완성을 계획하고 있다.
〈그림 4-10 참조〉

〈그림4-10〉 장기광역 구상도 (2021年)

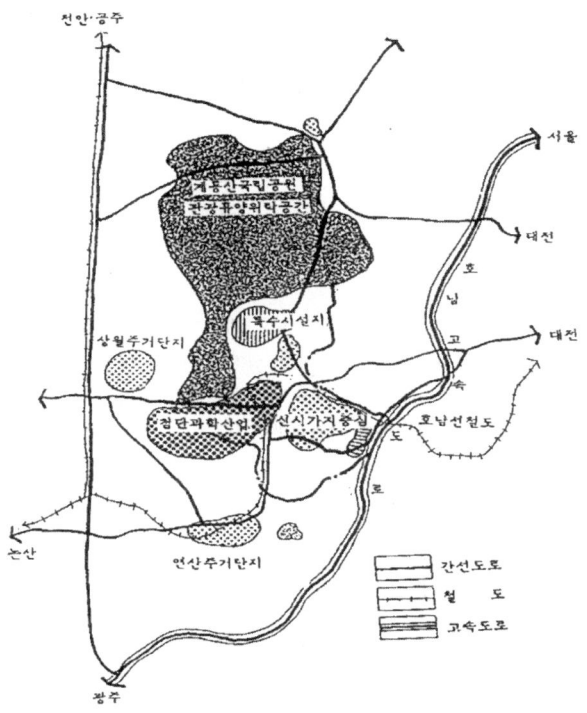

〈충청남도 계룡출장소, 계룡도시계획, 1991, p.10.자료〉

그러나 2003년 7월1일자 계룡시로 승격 법령공포로 인해서 3단계 도시성장 계획을 대폭 재 수정할 필요가 있게 됐다.

그동안 계룡 신도시가 제시한 2011년 인구 15만명 유입 계획은 지역특성을 배제한 모순된 시 승격 법령에 맞춘 것에 불과한 中, 장기계획으로 계룡 신도시가 2003년 7월1일자 '계룡시'로 승격 공포에 따라 2011년 인구 유입정책 15만 명의 경우는 자연 여건(자연보존지역, 개발지역)에 따라 수정이 불가피 할 것으로 보인다.

추진계획에서 3단계(2002-2006)는 생활편익시설 적극유치, 도시
형 공업단지 확장(왕대지구), 광역접근체계망 재구축(I.C 등)이다.
4단계(2007-2011)는 도시특화산업육성(첨단과학산업 연구단지 등),
도시기반시설 확충 및 정비를 하게 된다.

2. 풍수적용 사례

1) 도시공간구조

계룡 신도시는 역사적인 것, 그리고 지형, 지세를 효과적으로 살
릴 수 있는 신도시 창출을 위해 풍수와 밀접한 연관을 지어서 도시
계획을 하였다.

이에 따라 도시전문가, 환경 및 풍수전문가, 현지 주민들이 민주
형 참여방식으로 내놓은 의견을 수렴하게 되었다.[121]

이에 따라 도시계획 골격을 풍수에서 길조로 보고있는 금계가 계
룡산 천황봉을 향해 직선으로 비상하는 형국[122]인 공간에 풍수를

---

121) 中都日報, 1990년 8월1일. 最近 一次的으로 確定된 충남 논산군 두마
　　면 신도안 일대의 계룡시(가칭) 都市計劃에 오래 전부터 전해온 風
　　水地理思想이 大幅 반영돼 관심을 끌고 있다.
　　충남도는 1989年 7月 3軍本部 移轉으로 급증하는 인구를 수용하기 위
　　해 都市計劃樹立에 착수, 1990年 7月31日 현지에서 공청회를 가진데 이
　　어 이 都市計劃案을 確定했다. 이 新都市 基本計劃案 공청회에서 都市
　　計劃 專門家와 住民 등 180여명의 참석자들은 교통문제를 비롯, 급수문
　　제 등 도시기반시설의 조속한 마련과 지역특성을 고려해 保存과 開發
　　이 均衡을 이룬 都市開發이 이루어져야 한다는데 意見을 같이했다. 地
　　域民들은 계룡시가 大田近郊에 위치, 위성도시로 전락할 가능성이 높
　　다는 점과 유입인구와의 위화감 問題 등에 우려를 나타냈다. 또 일부
　　地域民들 사이에서는 이번 案이 新都市 次元보다는 軍部隊支援 機能의
　　强化와 기존 商圈을 그대로 살린 성격이 짙다고 評價했다.
122) 朝鮮日報, 1988년 8월 5일字

적용시킨 것이 특징이다.〈그림4-11 참조〉

〈그림4-11〉 계룡산을 향해 직선으로 날아가는 금학

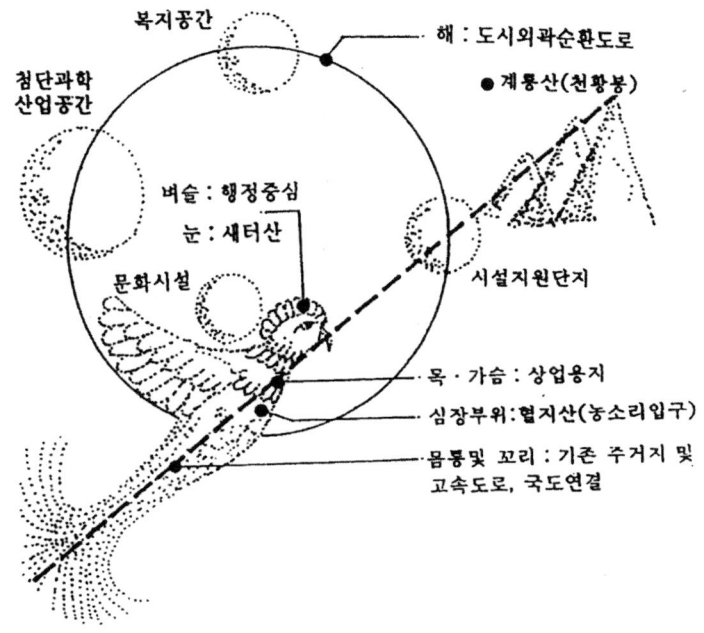

〈충청남도 계룡출장소, 계룡도시계획, 1991, p.13.자료〉

　　그리고 금계의 벼슬과 눈 위치 부분을 행정중심, 목, 가슴부분은
상업용지, 몸통 및 꼬리부분은 기존 주거지와 고속도로와 국도에
연결지었고, 심장부에 해당하는 혈지산은 훼손되지 않도록 근린공
원과 녹지지역으로 지정했으며, 금계의 부리가 천황봉을 직선으로
잇는 중간지점을 시설지원단지, 시계반대방향 원안은 복지공간, 첨
단과학산업공간을 배치했다.

2) 지구설정

지명에서 금암리의 경우는 '돈바위'라는 뜻으로 금융·상업과 관련이 있고, 광수(光秀)마을은 '여러 마을을 이끌어 갈 빼어난 마을'이라는 의미가 숨어 있다.

또한 농소리의 대실(大室)마을은 글자 그대로 '큰집'이 되며 두계리(구례실), 유동리(소라실)의 삼실로 주거지 길지로 알려져 구역을 나눴다. 이밖에 향기로운 땀이란 뜻의 향한(香汗)리엔 대학 및 연수원 그리고 종교단체가 들어와 정신탐구의 노력을 기대하고 있다. 향한리는 숭산스님이 1998년 국제선원 '무상사'를 세워 외국스님 6명이 '禪'을 수행하고 있으며, 한때 이곳에 금강대학이 들어오려 했지만 종교적 마찰로 떠난 예도 있다.

금암리와 대실마을 중간지점인 독장이골 4만㎡엔 문화센터가 들어설 예정지로 명실공히 '장이'골이 될 것으로 예상한다. 계룡출장소 개발 담당자는 1차 기본계획 수립 후 풍수전문가와 지역주민들의 의견들이 처음 구상과 대부분 맞아 떨어져 이제는 풍수를 접목하는데 별 어려움이 없고, 오히려 개발을 앞둔 자연물을 보고 결정을 내리는데 풍수론이 있어 쉬어지게 되었다.

혈지산과 향적산은 풍수상 금계의 심장에 해당하므로 손상이 되어서는 안 되는 중요한 穴이다. 하지만 도시계획 초기 혈지산을 밀어내고 택지로 개발하자는 의견이 팽배했다.

현지를 답사한 도시계획전문가와 풍수전문가들은 혈지산이 행정업무지역인 금암리와 주거지역인 대실마을을 둘러싸고 있는 점을 충분히 고려해 합의 끝에 휴식공간으로 남겨 놓았다.

동서를 연결하는 노선을 결정할 때도 신도안 서편에 험한 향적산이 위치해 거대한 터널을 구상했었다. 그러나 풍수전문가와 주민들이 '향적산은 넓고 밝은 고개란 뜻의 이름을 가진 명재가 있다'는 민원을 존중, 터널을 뚫지 않고 우회도로 개설을 결정하기도 했다.[123]

제 3 절 자연풍수 조화론에의한 지구별 분석

1. 지구별 사례

계룡 신도시는 도시전문가 및 공무원, 환경 및 풍수전문가, 주민들이 공청회[124]를 통해 '환경 좋은 미래도시'를 건설하기 위한 목적

---

123) 김현승, '한국도시계획에 있어서 풍수지리사상의 활용에 관한 연구', 연세대 석사논문,1990. pp.70~74.
124) 계룡 신도시계획 중간보고서(1990. 1. 30) 참석자: 19명, 장소 충남도청 상황실, 군부대 2명, 충남교육위원회1명, 자문교수 3명(황용주, 강병기, 최상철), 정진성 풍수전문가, (의견요약) 도시구조 및 성격 : 계룡대 군사기능과 신도시와의 기능적 분리여부 검토, 도시 발전축 설정이 너무 경직되어 있음, 군과 민간과의 관계변화에 대비한 계획 고려, 계룡을 중심으로 지역간 상관관계를 장기구상으로 계획, 계룡도시 발전방향은 1차적으로는 군사기능도시 2차적으로는 대전시의 유입기능에 따라 단계별 개발 방향 구상, 2000년대 이후 대전의 기능 유입으로 자생적 도시의 전망이 밝음, 도시기본계획적 구상으로 장기 발전계획 수립, <u>도시 이미지에 대한 원칙 설정.</u>
*계룡 신도시계획 3차 보고서(1990. 5. 23), 장소 충남도청 상황실, 주재 도지사, 참석자 25명(도청,군부대, 충남도 교위, 자문교수, 풍수전문가, 출장소 및 기타 관련 실무자) (의견요약) 도시구조 및 성격, 대전시 개발제한구역을 포함한 광역구상 필요, 도시형상화에 너무 집착말고 기능적이 될 수있도록 계획, <u>풍수지리 해석에 의한 현대적 개념으로 재조립 구조화가 필요,</u> 대전시와의 상호보완적 기능 및 독자성 확보.
*계룡도시계획 공청회(1990. 7. 31), 장소 두마농협회의실, 참석자 200명, 토론자 학계, 유관기관,충남도, 지역주민, 풍수전문가, 사회단체(11명), 초청자 : 학계, 충남도, 사회단체, 유관기관, 군부대,기자단(30명)

으로 다양한곳에서 자연과 접근 했으며, 부득이한 개발은 자연과 조화를 근거로 합의점에서 개발을 시도하고 있었다.

1) 군사 보호지구

1970년대부터 군사시설보호구역으로 묶여 일반인의 출입이 통제 됐던 국립공원 계룡산(충남 공주시 반포면) 천황봉(天皇峰, 해발 8백45m)이 2003년 5월 12일 주민의 품으로 돌아왔다.

특히 천황봉 정상에 흉물스럽게 들어서 있던 지하벙커 등 군사시설과 방송통신용 철탑장치들도 함께 이날 완전히 철거되면서 민족의 영산이 30년 만에 제 모습을 찾게 되었다.

계룡산에서 가장 높은 봉우리인 천황봉, 그 정상에 있던 KT(한국통신)통신탑과 군사용 지하벙커를 해체하고 원형 회복을 위한 마무리 작업이었다.

가) 제1분과 토론(주제 : 도시지표와 기본구상)
기본계획상 풍수지리에 대한 언급이 과도함, 신도시 건설 목표인 전원적 주거환경도시에 상위되게 과도한 인구밀도로 설정되었으니 재고, 인구유입을 위한 정책시행, 주변도시와의 연계성 강화, 공원면적이 과도하게 계획되어 있어 일부 주거지역으로 변경이 타당, 주민에게 이익이 되는 개발수법 채택, 계룡대 입지에 따른 합수 및 도로계획이 우선되어야 할 것임, 계룡대 지역 주거민, 본 지역 주민과의 문화적 이질감 해소 방안 강구, 대전을 母도시로 할 장기적 개발계획이 필요하다고 했다.
나) 제2분과 토론(주제 : 부문별 계획)
상·하수도 및 도시가스 등 도시기반시설에 대한 적극적인 검토 필요, 대전권과 충남서부지역을 연결하는 지역으로 시가지를 관통하지 않는 교통망이 필요, 상업지역의 분산 배치가 필요, 택지개발 사업시행시 지역민이 참여할 수 있는 방안을 강구, **자연지형을 최대한 보존하여 계룡산과 신도안의 전통과 역사를 계승,** 본 지역의 발전을 위해서는 보다 광역적인 계획 구상이 필요, 지역의 균형적 발전을 위해 2~3단계 개발 예정지대로 도로계획 수립을 토론했다.

천황봉은 1972년 군사용으로 사용하기 위해 지하 벙커(길이 43.5m · 폭 1.8~5.9m · 높이 2.6~3.3m · 면적 1백78㎡)가 설치됐다. 84년에는 한국통신이 통신용 철탑(높이 35m)을 세워, 계룡산 정상의 모습을 크게 훼손했다.

이들 시설이 천황봉의 맥을 끊고 충청인의 정기를 빼앗고 있다는 여론이 도민과 시민단체 등으로부터 끊임없이 제기돼 왔다. 특히 천황봉이 군사시설보호구역으로 지정되면서 보안상의 이유로 일반인의 출입까지 통제돼 왔다.

이에 따라 대전환경운동연합 부설 계룡산보전시민모임은 2001년 6월 지하벙커 등으로 인해 계룡산 자연경관이 훼손되고 있다며 국무총리실에 청원서를 제출, 벙커를 철거하고 원상복구할 것을 요청했다.[125]

계룡산 천황봉의 철탑철거는 군 · 관 · 민 합의에 의해 자연을 살리는데 합의를 보았다는데 큰 의의를 두고 '자연풍수 조화론' 기본원칙에서 민주형 참여방식으로 자연을 되살린 일례이다.

그밖에 군사보호시설구역 내 군사령부 건물이 주역의 8괘 형태를 따서 만든 옥타곤도 풍수를 적용했음을 알 수 있다.

2) 금암지구

계룡의 중심 지역 하나가 금암지구이다. 금암지구는 동 금암, 서 금암으로 나누는데, 금암지구에 風水가 적용된 곳은 계룡출장소 자체 건물이다.

계룡출장소 건물은 처음 설계보다 30m 이상을 뒤로 뺀 이유는 앞의 새터산(천마산의 용머리) 눈을 보호하기 위해서이다.

---

125) 중앙일보 2003년 5월 13일

또한 계룡출장소 정문에서 위왕산이 잘 보이도록 좌를 놓은 것도 12장군이 수구막이를 지키고 있는 형국을 의식한 것이다.

12장군이 수구막이를 지키고 있어 현재도 그렇지만, 앞으로 계룡시는 범죄 없는 도시가 될 것[126]으로 기대하고 있다.

또한 금암지구 도로 옆 곳곳에 정자나무에 '위험'이라는 표지판을 설치하고, 통행에 불편을 느끼면서 까지 나무를 보호하고 있었다.

3) 엄사지구

엄사지구 경우도 풍수를 적용시킨 곳이 많이 눈에 띤다. 갈마음수형을 두고 있는 엄사지구는 택지개발로 '음절소류지'가 없어지자 엄사지구 소공원 내 인공연못을 만들었다.

또한 음절부락 택지개발 당시 산기슭에서 큰 암석이 나오자, 주민들은 흉몽을 꾸게 됐다. 주민들이 민원을 제기하자, 계룡 출장소 측은 이를 받아들여 파헤쳤던 암석을 다시 묻어주고 祭를[127] 지낸 뒤 공사를 중지했다.

엄사지구 역시 정자나무를 보호하기 위해 평면을 유지해야 할 택지개발을 계단 층과 경사지게 공사를 했다.

4) 주변지역

그밖에 두마면 왕대1리는 정자나무을 보호하기 위해 왕대1리 마

---

126) 정진성(71세), 금암지구 광수마을 생, 계룡지역 풍수전문가, 계룡신도
    시 도시계획에 있어서 자연보호와 보존을 위한 방법 중 하나가 풍수
    적용이라고 주장, 계룡 도시계획 공청회 및 계획 실행에 있어서 50여
    회 이상 참석자.
127) 1996년 주민들과 제를 지낼 당시 노규래(당시 계룡출장)소장도 참석
    했다.

을을 공업지구로 지정하지 않은 경우, 도곡리 입구 도로 가운데 소나무를 보존한 사례, 계룡의 시냇가 전체 여울목을 자연스럽게 유도하기 위해 자연석을 쓰고 있다.

시냇가 다리 명칭도 일반 도시의 경우는 '교(橋)'로 쓰고 있지만, 시내 7개 다리는 농소다리, 독쟁이다리, 두루봉다리, 금바위다리, 멍구지다리, 팥죽다리로 고유 이름 '다리'를 쓰고 있다.

또한 두계리(구, 도심)의 사계 김장생 선생의 고택을 보호하기 위해 계획도로를 옮기게 된 것 등이다.

5) 자연풍수 조화론에 의한 분석

계룡 신도시는 계룡산을 중심으로 천혜 자연요건을 살리기 위한 흔적이 곳곳에서 보인다. 하지만 자연풍수 조화론으로 신도시 전반을 관찰해 보면 풍수를 적용하지 못한 한계 지역도 볼 수가 있다.

우선 자연풍수 조화론의 기본원칙 중 하나가 고도제한이 있다. 자연풍수 조화론에서 말하는 고도제한이란, 자연경관을 최대한 살리고, 주변 단독주택지 일조권과 사생활보호, 풍도(바람길)를 막지 않는 것으로 고도제한을 건물층수가 아닌 해발(일반의 경우 기준을 층수로 한다)에서 기준을 삼아야 한다.

먼저 엄사지구의 경우는 54개동 4,552세대가 아파트 높이를 15층으로 고도를 제한을 하고 있다. 이는 자연 경관을 살리기 위한 고도제한이 아니라, 군사시설보호로 고도를 제한한 것이다.

군사시설보호로 인해 16층 이상의 높이를 막기 위함이 계룡 신도시 적정 고도가 5층인데 비해 15층을 허가해 준 효과로, 풍수에 제일 조건으로 치는 주변 경관이 많이 사라져 버렸다.

또한 금암지구의 경우도 6개 동에 274세대, 13층으로 고도를 제한했지만, 이곳 역시 13층의 높은 층수로 주변 경관이 무시되고 있었다.

하지만 남선지구 군인아파트의 경우는 73동에 2,860세대의 경우는 군사보호구역안 건물로 높이를 5층으로 제한한 것이 주변 잠두봉(185m)의 경관과 어우러지는 조화를 얻어내고 있다. 풍수를 적용하지 않고서 우연의 일익을 얻어낸 것이다.

두 번째 경우는 숙박 및 유흥시설이다. 일반도시 경우는 상권형성을 위해 도심에 숙박시설 및 유흥업소를 허가하는 경우가 보편화되어 있다.

계룡 신도시의 숙박시설도 엄사지구 10개, 금암지구 8개 모두 18개의 숙박시설이 도심에서 배치되어 있다. 설문조사시 숙박시설도 풍수를 적용해 세웠냐는 질문이 많았다.

자연풍수 조화론에서 숙박시설 및 유흥업소는 도시외곽에 유치하는 것이 기본원칙이다. 풍수를 적용한 마을 입지를 보면 부잣집을 중심으로 마을이 형성되어 간다. 그리고 주막이나 놀이판은 마을 어귀나 고갯길에 입지하고 있다.

이것은 마을의 안정된 질서를 유지하기 위함이고, 길손에게 주막을 쉽게 찾을 수 있게 한 공간 배치법이다.

계룡 신도시 경우는 금암지구와 엄사지구의 숙박시설 및 유흥가를 볼 때 일반 도시와 다름없는 배치법으로 도시가운데 놓여있다. 지역특성을 살리고 환경 좋은 미래도시 창출에 큰 걸림돌이 아닐수 없다.

도시계획에 풍수를 적용시켜 건설 중에 있는 계룡 신도시를 자연풍수 조화론으로 분석해 보면, 계룡 신도시는 도시계획은 풍수를 상징하고 있다. 그리고 자연을 아끼고 순응하려는 주민들의 의식

수준은 보편적으로 설문조사에 높은 인식도로 조사되었다.

하지만 풍수적용에 있어서 한계점은, 풍수를 실용화할 수 있는 기본원칙이 마련되지 않아 일반적인 '나무보호, 시냇가, 지명풀이에 의한 지구 설정정도'에 머물고 있어 주민들의 의식 수준을 충족시켜 주지 못하고 있었다.

풍수적용이라는 기본원칙 없는 도시계획은 시대상황에 맞게 용도가 전혀 다르게 변할 수 있는 소지가 있으며, 도심권에서 주변 환경 파괴의 주범인 기능적(고도제한, 숙박 및 유흥업소)측면이 고려되지 않아 '환경 좋은 미래의 도시' 창출에 큰 장애물이 될 수 있는 요인으로 분석되었다.

* 계룡 신도시 풍수적용사례

〈사진1〉 계룡산 정상 (천황봉·845m)에 군사시설 및 방송철탑.
(오진수씨 사진 참조)

〈사진2〉 계룡산 오른쪽에 보이는 철탑이 천황봉 정상에서 옮긴 철탑. 왼
쪽 두 개의 철탑은 차봉의 철탑으로 각도 상 정상에 놓인 것처럼 보일
뿐이다. 천황봉은 KT통신탑 및 지하벙커 건설로 인해 맥이 끊겼는데 정
기를 되살리 기 위해 복원운동으로 철탑을 옮긴 것이다.(산진내 「천단」
은 2003년 5월 12일 철탑이 철거된 자리에 세워진 탑.)

〈사진3〉 계룡 출장소가 풍수상 선익 밖에 있어 자연과 조화에 있어
서 아쉬움이 있다고 말하고 있는 정진성 풍수전문가.

〈사진4〉 계룡 출장소 좌측에 보이 는 언덕은 자연 그대로 상태로
구릉을 유지하고 있으며, 오른쪽에 보이는 산이 천마산의 용머리 일
명 '새터산' 이라고 부른다.

〈금암지구 풍주적용 사례〉

〈사진5〉 위엄함이 서려있는 위왕산 '수구막이' 당당한 장군이 12겹
의 군사를 거느리고 있는 모습이다.

〈사진6〉 계룡 출장소를 지켜주는 위왕산 때문에 범죄없는 계룡 신
도시라고 말한다. (계룡 출장소 앞뜰에서 본 위왕산, 정진성씨 · 71
증언, 금암지구, 광 수마을 출생)

〈사진7〉 금암지구 광수마을 앞 정자나무 역시 접선도로를 직접가지 못하고 우회하고 있다. 도로의 우회에 대해서 마을 사람들은 불편함을 생각하지 않고 있다. 이 곳에서는 해마다 음력 정월 초사흘 거리제를 통해 마을의 안녕과 풍농을 기원하고 있기 때문이다. (계룡의 어제와 오늘 P. 235, 금암2구 이양구씨 도움말)

〈사진8〉 금암지구 정자나무 역시 나무를 보호하기 위해 불편한 도로를 감수하고 있다. 타지역 사람들을 위해 '위험' 이라는 입간판이 이채롭다. 금암지구를 '자연풍수 조화론' 으로 분석하면 ① 정자나무와 새터산 (용머리) 을 보호하려는 흔적이 역력했다. ② 장점, 자연인 산과 나무를 살리 자는 데 관, 환경, 풍수 전문가, 민간과 합의가 이뤄진 점 ③ 단점: 계룡 출장소가 선익 (선익, 매미날개)밖에 있어 여러 가지 측면에서 아쉬움을 말하고 있다.(정진성씨 증언) ④ 효과, 어떠한 경우이든 자연에 관한 일이면 주민들을 제시하고 훼손을 막아 새로운 자연관을 심어주고 있다.

〈엄사지구 풍수적용 사례〉

〈사진9〉 엄사지구 음절마을 '도깨비터' 지명이 독특한 탓인지. 작은 터에 '브 느엘교회' 관음사, 요가, 경선정사, 일심교, 갱정유도 (사진상 보이지 않음) 가 모여 있다.(오른쪽 순).

〈사진10〉 갈마음수형을 위해 엄사지구에 소공원에 연못을 팠다.

〈사진11〉엄사지구 정자나무, 이 정자나무를 보호하기 위해 택지개
발 (1992~1995년)에 있어서 경사면을 두게된 것이 특징.

〈사진12〉엄사지구 (음절부락) 개발 당시 (1996년) 큰 암석이 나
온 곳. 큰 암석이 나온 뒤부터 주민들은 꿈이 좋지 않다고 항의하
자, 이곳에 제를 지내주고 다시 땅속에 암석을 묻어 주었다.(제를
재낼 당시 계룡 출장소장 노규래씨 참석).

〈사진13〉 두마면 왕대1리 정자나무. 이 정자나무로 인해 이 마을은 공업지 구에서 벗어나게 된 것이 특징. 도로 역시 우회를 하고 있다.

〈사진14〉 도곡리 입구 (광석리) 소나무가 도로 가운데에 서 있다. 보호해야 될 소나무를 통한 양 비론이 있다.
 1) 소나무로 인해 도로 폭이 작아 교통사고 위험이 있다.
 2) 소나무가 있기 때문에 오히려 과속을 하지 않아 사고가 없다.
* 현지 조사 결과 교통사고는 거의 없었으며, 소나무를 옮겨졌다면 도로가 넓어져 과속 등으로 사고가 빈번할 수 있었을 것이라고 마을 사람들은 말하고 있다.

〈사진15〉 계룡 신도시 주변지역 계룡 신도시 전반의 냇가들은 친자연 형태를 유지하고 있다.

〈사진16〉 여울목 역 시 친 자연을 위 해 돌을 사용하고 있으며, 이로 인해 여울이 자연스럽게 이뤄지도록 했다.

〈사진17〉 1두계리 사계 김장생 선생의 고택 (은농재, 지방유형 제 134호).

〈사진18〉 도시계획상 도로가 사계 선생의 고택 앞을 지나 가게되었지만, 고택을 보존하기 위 해 도로 계 획 을 우회 시 켰다.(사계 선 생 고택 앞 지 명 이 '보존뜰'이 많은 의미를 전해주고 있다.)

〈사진3- 19〉개인주택도 자연환경과 조화롭게 건축했다.

〈사진20〉 충청남도 유림회관도 주변 경관을 의식해 설계한 것으로
알려졌다.

〈사진21〉 냇가 다리를 다리 '교'로 하지 않고 한글 다리로만 붙였음

〈사진22〉 냇가를 유심히 바라보면 모래톱이 형성되었다.

제 5 장 풍수적용에 관한 설문조사 분석

제 1 절 조사대상 및 자료 수집

1. 조사대상 및 자료의 수집방법

본 조사는 계룡 신도시에 거주하는 공무원(충남발전연구소 직원 포함)과 주민을 대상으로 실시했다. 공무원은 군인을 포함했으며, 주민은 남선지구, 엄사지구, 금암지구(두계마을포함)를 대상으로 했다. 설문조사는 조사자가 계룡 신도시를 2003년 2월 3일부터 7일까지 직접 방문하여 현지 공무원과 주민들에게 설문지를 직접배포하고 회수방법을 택하였다.

배부한 설문지는 총 310매로 공무원에게 115매 배포하여 110매를 회수하였으며, 주민들에게는 195매를 배포하여 180매를 회수하였다. (엄사지구 145매 배포하여 135매 회수, 금암지구 50매 배포 중 45매 회수) 따라서 회수율은 93%이다. 회수된 290매는 무응답이 없어 290매를 전부 분석했다.

2. 설문조사 분석 및 설문내용의 구성

본 조사는 도시계획에 있어서 풍수적용에 관한 인지를 분석하기 위해 계룡 신도시 공무원 및 군인115명, 주민 195을 대상으로 설문조사를 실시했다. 표본추출은 단순 임의 추출방법에 의했다.

풍수가 도시계획에 있어서 영향을 미치는 요인이 여러 가지가 있을 것으로 생각되나, 여기에서 풍수에 대한 인지도 요인을 크게 세 가지로 나누어 분석했다.

첫 번째는 풍수에 대한 일반적 관심도로 계룡 신도시가 풍수를 적용해 건설 중인지, 또한 그곳이 조선초 천도설로 인해 1년여간 공사를 하다 중지 된 사례, 풍수를 적용하여 지구 설정, 건축물 높이 조절 등을 알고 있는지에 대해서 분석했다.

두 번째는 풍수적용의 장, 단점에 대해 분석하였다. 도시계획에 풍수를 적용함으로서 다른 도시에 비해 쾌적한 도시창출 가능성, 자연파괴 최소화, 도시기능 활성화 등의 단점으로는 비과학적 도시개발로 기능저하, 지형, 지세보존으로 건설기간이 길어지고, 시설물 고도제한으로 민원발생 소지에 대해 분석했다.

세 번째는 자연풍수 조화론의 실용 가능성여부와 풍수적용에 대한 제도장치에 대해 인지도를 분석하였다. 한편 전문가 양성 필요성에 대해 분석하였다.

설문내용은 다항식 선택형 형식으로 설계하였으며, 본 연구에 관한 설문구성은 다음과 같다.〈표5-1 참조〉

〈표5-1〉 설문내용의 구성

구 분	설 문 내 용	문항 번호
계룡신도시 도시계획과 풍수의 관련성	도시계획수립에 풍수의 적용	1 , 2
도시계획에 풍수의 적용사례	지구성질 건축물 높이조절	3 , 4
풍수적용으로 나타날 현상	쾌적한 환경도시 산세 및 지형보존	5 , 6 , 7

풍수적용의 장·단점	장점: 다른 도시비해 쾌적.
	    : 자연파괴 최소화.
	    : 지형지세 보존, 건설기간 단축.
	    : 비용절감.
	    : 도시기능 활성화.
	단점: 혈 보존으로 인한 토지이용한계.
	    : 비과학적 도시개발로 인한 기능저하.
	    : 지형지세보전으로 건설기간의장기화
	    : 건설비용과다.
	    : 시설물 고도제한으로 민원발생소지.
		8 , 9

풍수적용에 대한 태도	불편감소 자연환경에 대한 만족 실생활에 만족	10 , 11 ,12
자연풍수 조화론	실용화 가능성	13
전문가 양성의 필요성	전문가 양성의 필요성	14
도시계획에 대한 풍수적용의 제도적 장치	제도적 장치의 필요성	15
응답자의 구성분포	성별, 연령, 학력, 수입, 직업, 거주기간, 종교, 근무기간	16, 17, 18, 19, 20, 21, 22, 23

3. 응답자의 사회인구통계학적 특성

성별 응답자의 분포는 남자 72.8%, 여자 27.2%로 대부분 남자이며, 연령별로는 40대가 가장 많은 41.5%를 차지했으며, 거주기간별 분포는 5년 미만 거주자가 37.9%로 가장 높게 나타났다.

그 다음으로 6-10년 거주자가 28.6%로 나타났다. 그리고 21년 이상 거주자는 12.4%로 가장 낮았다. 학력별에 분포는 대졸자가 40.8%로 가장 높게 나타났으며, 중. 고졸자가 25.4%로 나타났다.

직종별에 분포는 공무원이 가장 높은 38.5%으로 나타났으며 현 직종의 근무기간별 분포는 11-20년 근무자가 가장 높은 38.2%이었으며, 6-10년의 근무자가 24.9%로 나타났다. 소득별100-200만원의 소득자가 39.3%으로 가장 높았으며, 300만원 이상의 소득자는 8.4%로 낮았다. 종교별 기타의 경우 39.1%로 가장 높게 나타났으며 불교가 23.5%로 다음을 차지하고, 유교는 3.5%로 나타났다.〈표 5-2참조〉

〈표5-2〉 응답자의 사회인구통계학적 특성

요 인	내 용	
성 별	①남자: 211(72.8%)	②여자: 79(27.2%)
연령별	①20대: 30(10.4%) ③40대: 120(41.5%) ⑤60대이상: 9(3.1%)	②30대: 92(31.8%) ④50대: 38(13.1%)
거주기간별	①5년 미만: 110(37.9%) ③11-20년: 61(21%)	②6-10년: 83(28.6%) ④21년이상: 36(12.4%)
학력별	①중.고졸: 73(25.4%) ③4대졸: 117(40.8%) ⑤기타: 13(4.5%)	②전문대졸: 53(18.8%) ④대학원졸: 30(10.5%)
직종별	①공무원.군인포함: 11(38.44%) ③건설.건축업.부동산: 26(9%) ⑤회사원: 51(17.6%)	②자영업: 43(14.9%) ④종교인: 1(0.3%) ⑥기타: 57(19.7%)
근무기간별	①5년미만: 63(22.1%) ③11-20년: 109(38.2%)	②6-10년: 71(24.9%) ④21년 이상: 42(14.7%)
소득별	①70만원미만: 19(6.7%) ③100-200만원: 112(39.3%) ⑤300만원 이상: 24(8.4%)	②70-100만원: 36(12.6%) ④200-300만원: 94(33%)
종교별	①불교: 68(23.5%) ③기독교: 52(18%) ⑤무속: 11(3.8%)	②유교: 10(3.5%) ④천주교: 35(12.1%) ⑥기타: 113(39.1)

제 2 절 풍수적용에 관한 설문조사 분석

1. 풍수적용으로 나타날 현상

도시계획에 풍수를 적용하므로서 나타날 수 있는 현에는 쾌적한 환경도시, 산세 및 지형의 보존 그리고 낙후성을 들수 있다.

가) 쾌적한 환경도시

계룡 신도시계획에 풍수를 적용하므로서 쾌적한 환경도시가 될것 이라고 보는 사람은 매우 그렇다고 보는 사람 58명(20%), 그렇다 고 보는 사람 165명(56.9%)으로 76.9%가 도시계획에 풍수를 적용 하므로서 쾌적한 환경도시가 될 수있다고 보는 것으로 나타났다. 그리고 보통이상은 271명(93.5%)으로 나타났다.

이를 거주기간 별로 보면 5년 미만의 경우 그렇다고 보는 사람이 62명(56.4%), 매우그렇다고 보는 사람이 14명(12.7%)으로 69.1가 그렇다고 보고 있으며, 6-10년의 경우도 그렇다고 보는 사람이 52 면(62.7%), 매우 그렇다고 보는 사람이 15명(18.1%)로 긍정적으로 보는 사람이 70.8%를 차지하고 있다.

11-20년, 21년 이상의 경우에도 그렇다고 본다와 매우그렇게 본 다는 사람의 수를 합하면 각각 49명(80.3%), 31명(86.1%)나타났다. 이는 거주기간이 많을수록 긍정적으로 보는 비율이 높음을 알 수 있다. 즉, 거주기간에 따라 계룡 신도시가 풍수를 적용시킨 대로 완 성 되어간다면 후대까지 물려 줄 수 있는 쾌적한 환경도시가 탄생 되리라고 생각하는지에 대한 응답률에 차이가 있음을 알 수 있다. 〈표5-3참조〉

〈표5-3〉 풍수적용도시에서 나타날 현상 중 쾌적도시

거주기간 \ 쾌적한 환경도시	매우 그렇다고 본다	그렇다고 본다	보통이다	그렇지 않다고 봄	전혀 그렇지 않다	전 체	x^2
5년 미만	14 (12.7%)	62 (56.4%)	21 (19.1%)	11 (10%)	2 (1.8%)	110 (100%)	
6-10년	15 (18.1%)	52 (62.7%)	14 (16.9%)	2 (2.4%)	0	83 (100%)	
11-20년	16 (26.2%)	33 (54.1%)	9 (14.8%)	2 (3.3%)	1 (1.6%)	61 (100%)	$x^2=21.29$ (P=0.04)
21년 이상	13 (36.1%)	18 (50%)	4 (11.1%)	0	1 (2.8%)	36 (100%)	
전 체	58 (20%)	165 (56.9%)	48 (16.6%)	15 (5.2%)	4 (1.4%)	290 (100%)	

나) 산세 및 지형의 보존

계룡 신도시계획에 풍수를 적용하므로서 산세 및 지형이 보존될 것이라고 보는 사람은 그렇다고 보는 사람 131명(45.5%), 매우 그렇다고 보는 사람 31명(10.7%)으로 합해서 162명(55.9%)이 긍정적으로 보고 있다. 그리고 보통 이상은 255명(88%)로 나타났다.

이를 거주기간 별로 보면 그렇다고 본다와 매우 그렇다고 본다를 합해 5년미만에서는 52명(47.3%), 6-10년의 경우만 긍정적으로 보는 경우가 약간 낮을 뿐 거주기간에 따라 그렇다와 매우 그렇다고 보는 사람의 비율이 높음을 알수 있다.

그리고 보통이상을 포함하면 **거주기간에 따라 풍수적용으로 인해 계룡 신도시의 산세 및 지형들이 최대한 보존 되어가고 있는지에 대한 응답률에 차이가 있음을 알 수 있다.** 〈표5-4참조〉

〈표5-4〉 풍수적용도시에서 나타날 현상 산세보존

산세 및 지형의 보존 / 거주기간	매우 그렇다고 본다	그렇다고 본다	보통이다	그렇지 않다고 봄	전혀 그렇지 않다	전 체	x^2
5년 미만	8 (7.3%)	44 (40%)	43 (39.1%)	13 (11.8%)	2 (1.8%)	110 (100%)	
6-10년	8 (9.6%)	33 (39.8%)	30 (36.1%)	12 (14.5%)	0	83 (100%)	
11-20년	10 (16.4%)	36 (59%)	10 (16.4%)	4 (6.6%)	1 (1.6%)	61 (100%)	$x^2=23.39$ (P=0.02)
21년 이상	5 (13.9%)	18 (50%)	10 (27.8%)	1 (2.8%)	2 (5.6%)	36 (100%)	
전 체	31 (10.7%)	131 (45.2%)	93 (32.1%)	30 (10.3%)	5 (1.7%)	290 (100%)	

다) 낙후도

계룡 신도시계획에 풍수를 적용하면 오히려 최첨단시대에 낙후성을 면치 못할 것이라는 생각에 대해서 그런 생각을 가져봤다는 사람이 44명(15.3%), 아주 많이 가져봤다는 사람이 14명(4.9%)으로 20.2%에 지나지 않았으며, 보통 이상까지 합해도 40.3%만이 낙후될 것으로 생각하는 것으로 나타났기 때문에 도시계획에 풍수를 적용한다고 해서 낙후될 것이라고 보는 사람은 상대적으로 비율이 낮음을 알수 있다. 거주기간에 별로 보면 낙후될 것이라는 생각을 가져봤다와 아주 많이 가져봤다를 합해서 5년미만은 30명(27.3), 6-7년은 18명(21.7%), 11-20년 8명(13.3%), 21년 이상은 2명(5.8%)로 나타나 전체적으로 풍수를 적용하므로서 낙후되어 갈 것이라고 생각하는 사람도 상대적으로 비율이 낮지만 그런 중에서도 거주기간이 많을수록 풍수의 적용이 낙후를 가져오지 않는 것으로 생각하는 것으로 나타났다. 즉, 거주기간에 따라 계룡 신도시가 풍수를 적용하여 오히려 최첨단시대에 낙후되어간다는 생각을 가져봤는지에 대한 응답률이 차이가 있음을 알 수 있다. 보통이다 이상(116명/40.3%)나타났다. 〈표5-5참조〉

〈표5-5〉 풍수적용도시에서 나타날 현상 낙후도

낙후 거주기간	아주 많이 가져봤다	가져봤다	보통이다	그렇지 않다	전혀 그렇 지 않다	전 체	x^2
5년 미만	8 (7.3%)	22 (20%)	31 (28.2%)	37 (33.6%)	12 (10.9%)	110 (100%)	
6-10년	2 (2.4%)	16 (19.3%)	17 (20.5%)	39 (47%)	9 (10.8%)	83 (100%)	
11-20년	3 (5%)	5 (8.3%)	5 (8.3%)	36 (60%)	11 (18.3%)	60 (100%)	$x^2 = 30.16$ (P=0.00)
21년 이상	1 (2.9%)	1 (2.9%)	5 (14.3%)	20 (57.1%)	8 (22.9%)	35 (100%)	
전 체	14 (4.9%)	44 (15.3%)	58 (20.1%)	132 (45.8%)	40 (13.9%)	288 (100%)	

2) 종교별

가) 쾌적한 환경도시

풍수를 적용시킨 대로 완성 되어간다면 후대까지 물려 줄 수 있는 쾌적한 환경도시가 탄생되리라고 생각하는지를 종교별로 보면 불교의 경우 '그렇다고 본다'가 34명(50%), 매우 그렇다고 본다 19명(27.9%)을 합해서 53명(77.9%)으로 참여율 및 높은 응답으로 나타났으며, '전혀 그렇지 않다'에는 응답자가 없음을 보여주고 있다.

유교의 경우도 '그렇다고 본다'는 6명(60%)로 매우 그렇게 본다.

3명(30%)을 합해서 9명(90%)으로 참여율은 적었지만 높은 응답률을 보여주고 있으며, '전혀 그렇지 않다'에 응답자가 없음을 보여주고 있다.

기독교, 천주교, 무속, 기타의 경우도 '그렇다고 본다'와 '매우 그렇게 본다'를 합해서 각각 34명(65.4%), 26명(62.9%), 10명(90.9%), 91명 (80.5%)가 답변해 주었다.

즉, 종교에 따라 계룡 신도시가 풍수를 적용시킨 대로 완성 되어간다면 후대까지 물려 줄 수 있는 쾌적한 환경도시가 탄생되리라고 생각하는지에 대한 응답률에 별 차이가 없음을 알 수 있다.〈표5-6참조〉

〈표5-6〉 풍수적용 도시에서 나타날 현상 (쾌적도시)

종 교 \ 쾌적한 환경 도시	매우 그렇다고 본다	그렇다고 본다	보통이다	그렇지 않다고 봄	전혀 그렇지 않다	전 체	x^2
불 교	19 (27.9%)	34 (50%)	12 (17.6%)	3 (4.4%)	0	68 (100%)	
유 교	3 (30%)	6 (60%)	1 (10%)	0	0	10 (100%)	
기독교	9 (17.3%)	25 (48.1%)	12 (23.1%)	4 (7.7%)	2 (3.8%)	52 (100%)	
천주교	4 (11.4%)	22 (62.9%)	3 (8.6%)	5 (14.3%)	1 (2.9%)	35 (100%)	$x^2=25.05$ (P=0.199)
무 속	4 (36.4%)	6 (54.5%)	1 (9.1%)	0	0	11 (100%)	
기 타	19 (16.8%)	72 (63.7%)	18 (15.9%)	3 (2.7%)	1 (0.9%)	113 (100%)	
전 체	58 (20.1%)	165 (57.1%)	47 (16.3%)	15 (5.2%)	4 (1.4%)	289 (100%)	

나) 산세 및 지형의 보존

계룡 신도시 계획에 풍수를 적용 하므로서 산세 및 지형들이 최대한 보존 되어가고 있는지를 종교별로 보면 불교의 경우 '그렇다고 본다' 129명(42.6%), '매우 그렇다고 본다' 11명(16.2%)을 합해서 40명(58.8%)으로 높은 답변을 해주었으며, '전혀 그렇지 않다'에는 응답자가 없음을 보여주고 있다.

유교의 경우도 '그렇다고 본다'와 '매우 그렇다고 본다'를 합해서 10명중 8명이 답해(80%) 높은 응답률을 보였으며 '전혀 그렇지 않다'에는 응답자가 없음을 보여주고 있다.

기독교인 경우는 '그렇게 본다''매우 그렇다고 본다'를 합해서 23명(44.2%)으로 나타났으며, 그리고 천주교, 무속, 기타의 경우는 '그렇다고 본다''매우 그렇다고 본다'에 생각하는 의견이 23명(65.7%), 8명(72.7%),으로 나타났다. 즉, 종교에 따라 풍수 적용으로 인해 계룡 신도시의 산세 및 지형들이 최대한 보존되어 가는지에 대한 응답률에 별 차이가 없음을 알 수 있다.〈표5-7참조〉

〈표5-7〉 풍수적용 도시에서 나타날 현상 (산세보존)

종교 \ 산세및지형의보존	매우그렇다고본다	그렇다고본다	보통이다	그렇지않다고 봄	전혀그렇지않다	전 체	x^2
불 교	11 (16.2%)	29 (42.6%)	22 (32.4%)	6 (8.8%)	0	68 (100%)	
유 교	4 (40%)	4 (40%)	2 (20%)	0	0	10 (100%)	
기독교	4 (7.7%)	19 (36.5%)	21 (40.4%)	5 (9.6%)	3 (5.8%)	52 (100%)	
천주교	3 (8.6%)	20 (57.1%)	6 (17.1%)	6 (17.1%)	0	35 (100%)	$x^2=30.95$ (P=0.056)
무 속	2 (18.2%)	6 (54.5%)	3 (27.3%)	0	0	11 (100%)	
기 타	7 (6.2%)	52 (46%)	39 (34.5%)	13 (11.5%)	2 (1.8%)	113 (100%)	
전 체	31 (10.7%)	130 (45%)	93 (32.2%)	30 (10.4%)	5 (1.7%)	289 (100%)	

다) 낙후도

계룡 신도시가 풍수를 적용하여 오히려 최첨단시대에 낙후되어간다는 생각을 가져봤는지에 대해 불교의 경우 '그렇지 않다' 31명(45.6%), '전혀 그렇지 않다' 12명(17.6%)합해서 43명(63.2%)로 높은 답변을 해 주었으며, '아주 많이 낙후되어 간다'는 생각을 해봤다에 2명(2.9%)으로 비교적 '낮은 응답률'을 보여주고 있다. 유교의 경우도 '그렇지 않다''전혀 그렇지 않다'를 합해서 7명(70%)로 나타났다. 기독교, 천주교, 무속, 기타의 경우도 '그렇지 않다''전혀 그렇지 않다' 생각하는 의견이 29명(55.8%), 21명(60%), 6명(60%) 55명(58%)으로 낙후도에는 별 차이가 나타나지 않았다.〈표5-8참조〉

〈표5-8〉 풍수적용 도시에서 나타날 현상(낙후도)

낙후 \ 종교	아주 많이 가져봤다	가져봤다	보통이다	그렇지 않다	전혀 그렇지 않다	전 체	x^2
불 교	2 (2.9%)	10 (14.7%)	13 (19.1%)	31 (45.6%)	12 (17.6%)	68 (100%)	
유 교	2 (20%)	0	1 (10%)	4 (40%)	3 (30%)	10 (100%)	
기독교	4 (7.7%)	10 (19.2%)	9 (17.3%)	20 (38.5%)	9 (17.3%)	52 (100%)	
천주교	2 (5.7%)	8 (22.9%)	4 (11.4%)	15 (42.9%)	6 (17.1%)	35 (100%)	$x^2=22.309$ (P=0.324)
무 속	0	2 (20%)	2 (20%)	5 (50%)	1 (10%)	10 (100%)	
기 타	4 (3.6%)	14 (12.5%)	29 (25.9%)	56 (50%)	9 (8%)	112 (100%)	
전 체	14 (4.9%)	44 (15.3%)	58 (20.2%)	131 (45.6%)	40 (13.9%)	287 (100%)	

2. 풍수적용으로 도시에 나타난 장·단점

도시계획에 풍수를 적용하니까 나타난 장점은 무엇이고, 단점은 무엇인지를 질문했다.

가) 다른 도시에 비해 쾌적도

풍수를 적용하니까 다른 도시에 비해 쾌적한 도시가 될 것이다에 거주기간별로 보면 5년 미만의 경우는 다른 도시에 비해 쾌적한 도시가 될 것이다라고 생각하는 의견이 81명(73.6%)으로 비교적 높게 나타났으며, '6-10년의 경우'도 66명(79.5%)가 응답해 주었다. '11-20년, 21년 이상'의 경우도 52명(85.2%), 29명(80.6%)으로 거주기간이 길수록 '긍정적' 답변을 해 주었다.〈표5-9참조〉

〈표5-9〉 풍수적용으로 도시에 나타난 장 · 단점 (거주기간)

거주기간	다른 도시에 비해 쾌적한 도시가 될 것이다	다른 도시에 비해 쾌적한 도시가 되지 않을 것이다	전 체	x^2
5년 미만	81 (73.6%)	29 (26.4%)	110 (100%)	
6-10년	66 (79.5%)	17 (20.5%)	83 (100%)	
11-20년	52 (85.2%)	9 (14.8%)	61 (100%)	$x^2=3.34$ (P=0.34)
21년 이상	29 (80.6%)	7 (19.4%)	36 (100%)	
전 체	228 (78.6%)	62 (21.4%)	290 (100%)	

나) 자연파괴 최소화

도시개발에 있어 자연파괴가 최소화될 것인가에 대한 결과를 거주기간으로 보면 '5년 미만'의 경우는 도시개발에 있어 자연파괴가 최소화될 것이다. 의견이 68명(61.8%)로 나타났으며, '6-10년의 경우' 52명(62.7%)으로 응답해 주었다. '11-20년, 21년 이상'의 경우도 50명(82%), 29명(80.6%)으로 대체적으로 거주기간이 길수록 도시개발에 있어 자연파괴가 최소화 될 것 같다고 응답해 주었다.〈표5-10 참조〉

〈표5-10〉 풍수적용으로 도시에 나타난 장 · 단점 (자연파괴 최소화)

거주기간	도시개발에 있어 자연파괴가 최소화될 것 같다	도시개발에 있어 자연파괴가 최소화되지 않을 것 같다	전 체	x^2
5년 미만	68 (61.8%)	42 (38.2%)	110 (100%)	
6-10년	52 (62.7%)	31 (37.3%)	83 (100%)	
11-20년	50 (82%)	11 (18%)	61 (100%)	$x^2=11.17$ (P=0.11)
21년 이상	29 (80.6%)	7 (19.4%)	36 (100%)	
전 체	199 (68.6%)	91 (31.4%)	290 (100%)	

다) 도시기능 활성화

자연과 조화를 개발하기 때문에 도시기능이 활성화될 것인가에 대한 물음에 5년 미만 거주기간의 경우는 도시기능이 활성화되지 않을 것이다라고 생각하는 의견이 (67명) 60.9%로 높게 나타났으며, '6-10년의 경우'(46명)55.4%가 응답해 주었다. '11-20년의 경우'는 36명 (59%)가 응답해준 반면, '21년 이상의 경우'는 도시기능이 활성화 될 것이다라고 25명(69.4%)가 응답해 줘 거주기간이 길어질수록 도시기능 활성화가 될 것으로 나타났다. **즉, 거주기간에 따른 도시기능이 활성화될 것인가에 대한 응답률은 차이가 있음을 알 수 있다.**〈표5-11참조〉

〈표5-11〉 풍수적용으로 도시에 나타난 장·단점 (도시기능 활성화)

거주기간	도시기능이 활성화 될 것이다	도시기능이 활성화 되지 않을 것이다	전 체	x^2
5년 미만	43 (39.1%)	67 (60.9%)	110 (100%)	
6-10년	37 (44.6%)	46 (55.4%)	83 (100%)	
11-20년	25 (41%)	36 (59%)	61 (100%)	$x^2=10.65$ (P=0.01)
21년 이상	25 (69.4%)	11 (30.6%)	36 (100%)	
전 체	130 (44.8%)	160 (55.2%)	290 (100%)	

라) 토지이용 한계

혈과 명당의 보존 때문에 토지이용에 한계가 있을 것인가에 대한 질문에 거주기간 '5년 미만 경우는 한계가 없을 것이다가 56명 (50.9%)이 답변해 주었으며, '6-10년의 경우' 50명(60.2%)이 혈과 명당의 보존 때문에 토지이용에 한계가 있을 것이다 라고 응답해

주었다. '11-20년, 21년 이상'의 경우는 한계가 없을 것이다 에 33명
(54.4%), 24명(66.7%)가 응답해 토지이용에 한계는 없을 것으로
나타났다.

　즉 거주기간에 따라 혈과 명당의 보존 때문에 토지이용에 한계가
있을 것인가에 대한 답변에 차이가 있음을 알 수 있다.〈표5-12참조〉

〈표5-12〉 풍수적용에 있어서 장·단점(토지이용한계)

거주기간	혈과 명당의 보존 때문에 토지이용에 한계가 있을 것이다	혈과 명당의 보존 때문에 토지이용에 한계가 없을 것이다	전　체	x^2
5년 미만	54 (49..1%)	56 (50.9%)	110 (100%)	
6-10년	50 (60.2%)	33 (39.8%)	83 (100%)	$x^2 = 7.92$ (P＝0.04)
11-20년	28 (45.9%)	33 (54.1%)	61 (100%)	
21년 이상	12 (33.3%)	24 (66.7%)	36 (100%)	
전　체	144 (49.7%)	146 (50.3%)	290 (100%)	

　마) 비과학적 도시개발로 기능저하

　풍수적용으로 인해 계룡 신도시가 비과학적 도시개발로 도시기능
이 저하될 것인지에 대한 질문에 거주기간이 '5년 미만의 경우'는
도시기능이 저하되지 않을 것이다 의견이 64명(58.2%)로 비교적
높게 나타났으며, '6-10년의 경우'도 54명(65.1%)가 응답해 주었다.
'11-20년, 21년 이상의 경우'도 마찬가지로 36명(59%), 31명(86.1%)
가 응답해 줘 거주기간이 길수록 도시기능이 저하되지 않을 것으로
나타났다.

　즉, 거주기간에 따른 비과학적인 도시개발로 인해 도시기능이 저하
될 것인지에 대한 응답률은 차이가 있음을 알 수 있다.〈표5-13참조〉

〈표5-13〉 풍수적용에 있어서 장·단점
(비과학적 도시개발로 기능저하)

거주기간	비과학적인 도시개발로 인해 도시기능이 저하될 것이다	비과학적인 도시개발일지라도 도시기능이 저하되지 않음	전 체	x^2
5년 미만	46 (41.8%)	64 (58.2%)	110 (100%)	
6-10년	29 (34.9%)	54 (65.1%)	83 (100%)	
11-20년	25 (41%)	36 (59%)	61 (100%)	$x^2 = 9.92$ (P=0.02)
21년 상	5 (13.9%)	31 (86.1%)	36 (100%)	
전 체	105 (36.2%)	185 (63.8%)	290 (100%)	

바) 시설물 고도제한 민원소지 발생

도시계획에 있어서 풍수적용으로 인해 시설물들의 고도 제한의 경우 민원 발생 소지가 있을 것이다에 대한 질문에 거주기간이 '5년 미만의 경우'는 민원 발생 소지가 있지 않을 것이다라고 생각하는 의견이 68명(61.8%)으로 비교적 높게 나타났으며, '6-10년의 경우'도 57명(68.7%)이 응답해 주었다. '11-20년, 21년 이상의 경우'도 41명(67.2%), 24명(66.7%)가 응답해 주었다. **즉, 거주기간에 따른 시설물들의 고도 제한으로 민원 발생 소지가 있을 것이다에 대한 응답률은 별 차이가 없음을 알 수 있다.**〈표5-14참조〉

〈표5-14〉 풍수적용에 있어서 장·단점(시설물 고도제한 민원소지 발생)

거주기간	민원 발생 소지가 있을 것이다	민원 발생 소지가 있지 않을 것이다	전 체	x^2
5년 미만	42 (38.2%)	68 (61.8%)	110 (100%)	
6-10년	26 (31.3%)	57 (68.7%)	83 (100%)	
11-20년	20 (32.8%)	41 (67.2%)	61 (100%)	$x^2=1.13$ (P=0.77)
21년 이상	12 (33.3%)	24 (66.7%)	36 (100%)	
전 체	100 (34.5%)	190 (65.5%)	290 (100%)	

2) 종교별

가) 다른 도시에 비해 쾌적도

풍수를 적용하니까 다른 도시에 비해 쾌적한 도시가 될 것이다에 대해 '불교의 경우'는 다른 도시에 비해 쾌적한 도시가 될 것이다. 의견이 52명(76.5%)로 비교적 높게 나타났으며, '유교의 경우'도 8명(80%)이 응답해 주었다. 그리고 기독교, 천주교, 무속, 기타의 경우도 36명(69.2%), 29명 (82.9%), 8명(72.7%), 94명(83.2%)이 긍정적으로 답변해 주었다. 〈표5-15참조〉

〈표5-15〉 풍수적용에 있어서 장·단점(다른 도시에 비해 쾌적도)

종 교	다른 도시에 비해 쾌적한 도시가 될 것이다	다른 도시에 비해 쾌적한 도시가 되지 않을 것이다	전 체	x^2
불 교	52 (76.5%)	16 (23.5%)	68 (100%)	
유 교	8 (80%)	2 (20%)	10 (100%)	
기독교	36 (69.2%)	16 (30.8%)	52 (100%)	
천주교	29 (82.9%)	6 (17.1%)	35 (100%)	$x^2=4.92$ (P=0.43)
무 속	8 (72.7%)	3 (27.3%)	11 (100%)	
기 타	94 (83.2%)	19 (16.8%)	113 (100%)	
전 체	227 (78.5%)	62 (21.5%)	289 (100%)	

나) 자연파괴 최소화

도시개발에 있어 자연파괴가 최소화될 것인가에 대한 질문에 '불교의 경우'는 54명(79.4%)이 자연파괴가 최소화 될 것으로 나타났으며, '유교의 경우'도 6명(60%)이 응답해 주었다. 또한 기독교, 천주교, 기타의 경우도 자연파괴가 최소화될 것이다 28명(53.8%), 25명(71.4%), 81명(71.7%)이 응답해 주었다. 그런 반면, 무속의 경우는 자연파괴가 최소화되지 않을 것이다라고 7명(63.6%)이 응답하였다. 즉, 종교에 따라 도시개발에 있어 자연파괴가 최소화될 것인가에 대한 응답률이 차이가 있음을 알 수 있다.〈표5-16참조〉

<표5-16> 풍수적용에 있어서 장·단점(자연파괴 최소화)

종 교	도시개발에 있어 자연파괴가 최소화 될 것 같다	도시개발에 있어 자연파괴가 최소화 되지 않을 것 같다	전 체	x^2
불 교	54 (79.4%)	14 (20.6%)	68 (100%)	
유 교	6 (60%)	4 (40%)	10 (100%)	
기독교	28 (53.8%)	24 (46.2%)	52 (100%)	
천주교	25 (71.4%)	10 (28.6%)	35 (100%)	$x^2=15.12$ (P=0.01)
무 속	4 (36.4%)	7 (63.6%)	11 (100%)	
기 타	81 (71.7%)	32 (28.3%)	113 (100%)	
전 체	198 (68.5%)	91 (31.5%)	289 (100%)	

다) 도시기능 활성화

도시계획에 있어서 풍수를 적용하니까 자연과 조화 중심으로 개발하기 때문에 도시기능이 활성화될 것인가에 대한 물음에 '불교의 경우'는 도시기능이 활성화되지 않을 것이다 의견이 24명(35.3%)으로 높게 나타났으며, '유교의 경우' 5명(50%)이 응답해 주었다. 기독교, 천주교, 무속, 기타의 경우는 도시기능이 활성화되지 않을 것이다라고 35명(67.3%), 21명(60%), 9명(81.8%),65명(57.5%)가 응답하였다. 즉, 종교에 따른 도시기능이 활성화될 것인가에 대한 응답률은 차이가 있음을 알 수 있다.〈표5-17참조〉

〈표5-17〉 풍수적용에 있어서 장·단점(도시기능 활성화)

종 교	도시기능이 활성화될 것이다	도시기능이 활성화되지 않을 것이다	전 체	x^2
불 교	44 (64.7%)	24 (35.3%)	68 (100%)	
유 교	5 (50%)	5 (50%)	10 (100%)	
기독교	17 (32.7%)	35 (67.3%)	52 (100%)	
천주교	14 (40%)	21 (60%)	35 (100%)	$x^2=17.79$ (P=0.003)
무 속	2 (18.2%)	9 (81.8%)	11 (100%)	
기 타	48 (42.5%)	65 (57.5%)	113 (100%)	
전 체	130 (45%)	159 (55%)	289 (100%)	

라) 토지이용 한계

혈과 명당의 보존 때문에 토지이용에 한계가 있을 것인가에 대해 '불교의 경우'는 한계가 있을 것이다라고 39명(57.4%)가 답변해 주었으며, '유교의 경우' 6명(60%)가 혈과 명당의 보존 때문에 토지이용에 한계가 없을 것이다 라고 응답해 주었다. 기독교, 천주교, 무속의 경우는 28명(53.8%), 19명(54.3%), 6명(54.5%)이 한계가 있을 것이다라고 답변해 준 반면, 기타의 경우는 한계가 없을 것이다에 5명(58.4%)이 응답해 주었다. 즉 종교에 따라 혈과 명당의 보존 때문에 토지이용에 한계가 있을 것인가에 대한 답변에 별 차이가 없음을 알 수 있다.〈표5-18참조〉

〈표5-18〉 풍수적용에 있어서 장·단점(토지이용 한계)

종 교	혈과 명당의 보존 때문에 토지이용에 한계가 있을 것이다	혈과 명당의 보존 때문에 토지이용에 한계가 없을 것이다	전 체	x^2
불 교	39 (57.4%)	29 (42.6%)	68 (100%)	
유 교	4 (40%)	6 (60%)	10 (100%)	
기독교	28 (53.8%)	24 (46.2%)	52 (100%)	
천주교	19 (54.3%)	16 (45.7%)	35 (100%)	$x^2=5.69$ (P=0.34)
무 속	6 (54.5%)	5 (45.5%)	11 (100%)	
기 타	47 (41.6%)	5 (58.4%)	113 (100%)	
전 체	143 (49.5%)	146 (50.5%)	289 (100%)	

마) 비과학적 도시개발로 기능저하

풍수적용으로 비과학적 도시개발로 이뤄져 도시기능이 저하될 것인지에 대한 결과로 '불교의 경우'는 도시기능이 저하되지 않을 것이다라고 생각하는 의견이 45명(66.2%)으로 비교적 높게 나타났으며, '유교의 경우'도 8명(80%)이 응답해 주었다. 기독교, 천주교, 무속, 기타의 경우도 마찬가지로 33명(63.5%), 20명(57.1%), 11명(100%), 68명(60.2%)가 응답해 주었다. 즉, 종교에 따른 비과학적인 도시개발로 인해 도시기능이 저하될 것인지에 대한 응답률은 별 차이가 없음을 알 수 있다.〈표5-19참조〉

〈표5-19〉 풍수적용에 있어서 장·단점
(비과학적 도시개발로 기능이 저하될 것)

종 교	비과학적인 도시개발로 인해 도시기능이 저하될 것이다	비과학적인 도시개발일지라도 도시기능이 저하되지 않음	전 체	x^2
불 교	23 (33.8%)	45 (66.2%)	68 (100%)	
유 교	2 (20%)	8 (80%)	10 (100%)	
기독교	19 (36.5%)	33 (63.5%)	52 (100%)	
천주교	15 (42.9%)	20 (57.1%)	35 (100%)	$x^2 = 8.88$ (P=0.11)
무 속	0	11 (100%)	11 (100%)	
기 타	45 (39.8%)	68 (60.2%)	113 (100%)	
전 체	104 (36%)	185 (64%)	289 (100%)	

바) 시설물 고도제한 민원소지 발생

풍수적용으로 인해 시설물들의 고도 제한으로 민원 발생 소지가 있을 것이다에 대해 불교의 경우는 민원 발생 소지가 있지 않을 것이다 의견이 39명(57.4%)로 비교적 높게 나타났으며, 유교의 경우도 10명 (100%)이 응답해 주었다. 기독교, 천주교, 무속, 기타의 경우도 민원 발생 소지가 있지 않을 것이다 라고 37명(71.2%), 19명(54.3%), 6명(54.5%), 78명(69%)가 응답해 주었다. <u>즉, 종교에 따른 시설물들의 고도 제한으로 민원 발생 소지가 있을 것이다에 대한 응답률은 차이가 있음을 알 수 있다.</u>〈표5-20참조〉

〈표5-20〉 풍수적용에 있어서 장·단점(시설물 고도제한 민원소지 발생)

종 교	민원 발생 소지가 있을 것이다	민원 발생 소지가 있지 않을 것이다	전 체	x^2
불 교	29 (42.6%)	39 (57.4%)	68 (100%)	
유 교	0	10 (100%)	10 (100%)	
기독교	15 (28.8%)	37 (71.2%)	52 (100%)	
천주교	16 (45.7%)	19 (54.3%)	35 (100%)	$x^2=11.14$ (P=0.049)
무 속	5 (45.5%)	6 (54.5%)	11 (100%)	
기 타	35 (31%)	78 (69%)	113 (100%)	
전 체	100 (34.6%)	189 (65.4%)	289 (100%)	

3. 자연풍수 조화론 실용 가능성

도시개발 및 계획에 있어서 앞으로 '자연풍수조화론·4단 연계법'을 적용시켜 나간다면 풍수를 실용화하는데 많은 도움이 될 것인지에 대해 학력별로 보면 중.고졸의 경우 도움이 될 것이다에 가장 높은 48명(65.8%)이 답변을 해 주었으며, 전문대졸 경우도 24명(44.4%)으로 가장 높은 응답률을 보여주고 있으며, 전혀 그렇지 않다에는 1명(1.9%)이 응답률을 보여주고 있다.

대졸, 대학원졸의 경우는 도움이 될 것이다라고 66명(56.4%), 17명(56.7%)가 각각 응답하였고, 기타의 경우는 보통이다 라고 6명(46.2%)이 응답하였다.

1) 학력별

즉, 학력에 따른 도시개발 및 계획에 있어서 앞으로 '자연풍수조화론·4단 연계법'을 적용시켜 나간다면 풍수를 실용화하는데 많은 도움이 될 것인지에 대한 응답률이 차이가 있음을 알 수 있다.
〈표5-21참조〉

〈표5-21〉 자연풍수 조화론 실용가능성(학력)

실용화 가능성 \ 학력	많 은 도 움	도움이 될 것이다	보 통	그렇지 않음	전혀 그렇지 않음	전 체	x^2
중·고졸	18 (24.7%)	48 (65.8%)	7 (9.6%)	0	0	73 (100%)	
전문대졸	12 (22.2%)	24 (44.4%)	15 (27.8%)	2 (3.7%)	1 (1.9%)	54 (100%)	
대 졸	29 (24.8%)	66 (56.4%)	20 (17.1%)	2 (1.7%)	0	117 (100%)	$x^2=27.01$ (P=0.04)
대학원졸	5 (16.7%)	17 (56.7%)	5 (16.7%)	2 (6.7%)	1 (3.3%)	30 (100%)	
기 타	3 (23.1%)	4 (30.8%)	6 (46.2%)	0	0	13 (100%)	
전 체	67 (23.3%)	159 (55.4%)	53 (18.5%)	6 (2.1%)	2 (0.7%)	287 (100%)	

2) 직종별

   도시개발 및 계획에 있어서 앞으로 '자연풍수조화론·4단 연계법'을 적용시켜 나간다면 풍수를 실용화하는데 많은 도움이 될 것인지에 대해 공무원의 경우 도움이 될 것이다에 가장 높은 72명(64.9%)이 답변을 해 주었으며, 자영업의 경우 21명(48.8%)이 응답률을 보여주고 있으며, 건축업, 회사원, 기타의 경우 도움이 될 것이다라고 13명(50%), 28명(54.9%), 24명(42.1%)가 각각 응답하였다. 즉, 직종에 따른 도시개발 및 계획에 있어서 앞으로 '자연풍수조화론·4단 연계법'을 적용시켜 나간다면 풍수를 실용화하는데 많은 도움이 될 것인지에 대한 응답률이 차이가 있음을 알 수 있다.〈표5-22참조〉

〈표5-22〉 자연풍수 조화론 실용가능성(직종별)

실용화 가능성 직 종	많 은 도 움	도움이 될 것이다	보 통	그렇지 않음	전혀 그렇지 않음	전 체	x^2
공무원. 군인포함	21 (18.9%)	72 (64.9%)	15 (13.5%)	3 (2.7%)	0	111 (100%)	
자영업	12 (27.9%)	21 (48.8%)	10 (23.3%)	0	0	43 (100%)	
건설.건축 업.부동산	13 (50%)	13 (50%)	0	0	0	26 (100%)	
종교인	0	1 (100%)	0	0	0	1 (100%)	$x^2 = 33.01$ (P=0.034)
회사원	9 (17.6%)	28 (54.9%)	12 (23.5%)	1 (2%)	1 (2%)	51 (100%)	
기 타	12 (21.1%)	24 (42.1%)	18 (31.6%)	2 (3.5%)	1 (1.8%)	57 (100%)	
전 체	67 (23.2%)	159 (55%)	55 (19%)	6 (2.1%)	2 (0.7%)	289 (100%)	

4. 풍수적용의 제도화 필요성

도시계획에 있어서 풍수를 적용해서 계획을 수립하도록 제도적 장치가 마련되어야 하는지에 대해 학력별로 보면 중.고졸의 경우 그렇다고 본다에 가장 높은 48명(65.8%) 답변을 해 주었으며, 전혀 그렇지 않다에는 1명(1.4%)로 비교적 낮은 응답률을 보여주고 있다. 전문대졸의 경우도 27명(50%)이 가장 높은 응답률을 보여주었다.

대졸, 대학원졸, 기타의 경우도 그렇다라고 생각하는 의견이 58명 (49.6%), 11명(36.7%), 6명(46.2%)가 응답해 주었다

1) 학력별

즉, 학력에 따른 도시계획에 있어서 풍수를 적용해서 계획을 수립하도록 제도적 장치가 마련되어야 하는지에 대한 응답률이 차이가 있음을 알 수 있다.〈표5-23 참조〉

〈표5-23〉 제도화 필요성(학력별)

제도마련 학 력	아주 그렇다	그렇다	보 통	그렇지 않음	전혀 그렇지 않음	전 체	x^2
중·고졸	4 (5.5%)	48 (65.8%)	18 (24.7%)	2 (2.7%)	1 (1.4%)	73 (100%)	
전문대졸	3 (5.6%)	27 (50%)	21 (38.9%)	0	3 (5.6%)	54 (100%)	
대 졸	9 (7.7%)	58 (49.6%)	40 (34.2%)	5 (16.7%)	4 (13.3%)	30 (100%)	$x^2=28.28$ (P=0.03)
대학원졸	2 (6.7%)	11 (36.7%)	8 (26.7%)	5 (16.7%)	4 (13.3%)	30 (100%)	
기 타	1 (7.7%)	6 (46.2%)	5 (38.5%)	0	1 (7.7%)	13 (100%)	
전 체	19 (6.6%)	150 (52.3%)	92 (32.1%)	12 (4.2%)	14 (4.9%)	287 (100%)	

2) 직종별

도시계획에 있어서 풍수를 적용할 수 있도록 제도적 장치가 마련되어야 하는지에 대해 공무원의 경우 그렇다고 본다에 가장 높은 62명 (55.9%)이 답변을 해 주었으며, 전혀 그렇지 않다에는 3명 (2.7%)이 낮은 응답률을 보여주고 있다. 자영업의 경우도 20명 (46.5%)으로 가장 높은 응답률을 보여주고 있으며, 그렇지 않다에는 1명(2.3%)의 응답률을 보여주고 있다.

건축업, 회사원, 기타의 경우도 그렇다라고 생각하는 의견이 18명 (69.2%), 23명(45.1%), 26명(45.6%)가 응답해 주었다. **즉, 직종에 따른 도시계획에 있어서 풍수를 적용해서 계획을 수립하도록 제도적 장치가 마련되어야 하는지에 대한 응답률이 별 차이가 없음을 알 수 있다.**〈표5-24 참조〉

〈표5-24〉 제도화 필요성(직종별)

제도마련 직 종	아주 그렇다	그렇다	보 통	그렇지 않음	전혀 그렇지 않음	전 체	x^2
공무원, 군인포함	4 (3.6%)	62 (55.9%)	38 (34.2%)	4 (3.6%)	3 (2.7%)	111 (100%)	
자영업	3 (7%)	20 (46.5%)	16 (37.2%)	1 (2.3%)	3 (7%)	43 (100%)	
건설, 건축 업, 부동산	2 (7.7%)	18 (69.2%)	5 (19.2%)	0	1 (3.8%)	26 (100%)	
종교인	0	1 (100%)	0	0	0	1 (100%)	$x^2=17.57$ (P=0.62)
회사원	3 (5.9%)	23 (45.1%)	19 (37.3%)	4 (7.8%)	2 (3.9%)	51 (100%)	
기 타	7 (12.3%)	26 (45.6%)	16 (28.1%)	3 (5.3%)	5 (8.8%)	57 (100%)	
전 체	19 (6.6%)	150 (51.9%)	94 (32.5%)	12 (4.2%)	14 (4.8%)	289 (100%)	

제 3 절 분석결과

1. 풍수적용으로 나타날 현상

1) 쾌적한 환경도시

계룡 신도시가 풍수를 적용시킨 대로 완성 되어간다면 후대까지 물려 줄 수 있는 쾌적한 환경도시가 탄생되리라고 생각하는 의견에 그렇게 생각하는 답변이 290명중 165명(56.9%)로 높은 빈도율을 보여주고 있으면 전혀 그렇지 않다라고 생각하는 답변에는 4명(1.4%)에 불과하다.

2) 산세 및 지형의 보존

풍수적용으로 인해 계룡 신도시의 산세 및 지형들이 최대한 보존 되어가고 있다라고 생각하는가에 대한 의견으로 그렇다는 문항에 290명중 131명(45.2%)이 답변해 주었고, 전혀 그렇지 않다고 보는 사람들은 5명(1.7%)로 비교적 적은 응답률을 보여주고 있다.

3) 낙후도

계룡 신도시가 풍수를 적용하여 오히려 최첨단시대에 낙후되어간 다는 생각을 가져 보았는지에 대한 의견으로 그렇지 않다라고 290 명중 133명(45.8%)이 답변해 주었으며, 보통이다라고 생각하는 답변은 58명(20.1%)에 해당한다. 그리고 낙후되어 간다라고 생각하는 의견으로는 14명(4.9%)이 응답률을 보여주고 있음을 알 수 있다.

2. 풍수적용에 있어서 장·단점

1) 장 점

성별에 따라 풍수를 적용하니까 다른 도시에 비해 쾌적한 도시가 될 것이다에 대한 결과로 남자의 경우는 다른 도시에 비해 쾌적한 도시가 될 것이다라고 생각하는 의견이 290명중 234명(80.6%)로 비교적 높게 나타났으며, 여자의 경우 또한 마찬가지로 다른 도시에 비해 쾌적한 도시가 될 것이다. 라고 213명(73.4%)이 응답해 주었다.

연령에 따라 풍수를 적용하니까 다른 도시에 비해 쾌적한 도시가 될 것이다에 대한 결과로 20대의 경우는 다른 도시에 비해 쾌적한 도시가 될 것이다라고 생각하는 의견이 63.3%로 비교적 높게 나타났으며, 30대의 경우 또한 마찬가지로 다른 도시에 비해 쾌적한 도시가 될 것이다라고 83.7%가 응답해 주었다. 40대(6.6%), 50대(84.2%), 60대(78.9%)도 긍정적으로 답변해 주었다.

학력에 따라 풍수를 적용하니까 다른 도시에 비해 쾌적한 도시가 될 것이다에 대한 결과로 중.고졸의 경우는 다른 도시에 비해 쾌적한 도시가 될 것이다라고 생각하는 의견이 79.5%로 비교적 높게 나타났으며, 전문대졸의 경우 또한 마찬가지로 다른 도시에 비해 쾌적한 도시가 될 것이다라고 70.4%가 응답해 주었다. 대졸(82.9%), 대학원졸(76.7%), 기타(84.6%)가 긍정적으로 답변해 주었다.

2) 단 점

성별에 따라 비과학적인 도시개발로 인해 도시기능이 저하될 것인지에 대한 결과로 남자의 경우는 도시기능이 저하되지 않을 것이다라고 생각하는 의견이 61.6%로 비교적 높에 나타났으며, 여자의 경우 또한 마찬가지로 도시기능이 저하되지 않을 것이다라고 63.6%가 응답해 주었다.

연령에 따라 보존되어질 자연환경을 위한 택지조성 및 우회도로 설치 등 건설비용이 많이 들 것인가에 대한 결과로 20대의 경우는 건설비용이 많이 들지 않을 것이다라고 생각하는 의견이 70%로 비교적 높게 나타났으며, 30대의 경우 또한 마찬가지로 건설비용이 많이 들지 않을 것이다라고 62%가 응답해 주었다. 40대(69.2%), 50대(55.3%), 60대(66.7%)도 건설비용이 많이 들지 않을 것이다라고 응답해 주었다.

학력에 따라 혈과 명당의 보존 때문에 토지이용에 한계가 있을 것인가에 대한 결과로 중.고졸의 경우는 한계가 없을 것이다라고 53.4%가 답변해 주었으며, 전문대졸의 경우도 59.3%가 혈과 명당의 보존 때문에 토지이용에 한계가 없을 것이다 라고 응답해 주었다. 대졸의 경우는 61.5%가 한계가 있을 것이다라고 답변해 준 반면, 대학원졸, 기타의 경우는 한계가 없을 것이다에 66.7%, 53.8%가 응답해 주었다.

3. 자연풍수 조화론의 실용 가능성

도시개발 및 계획에 있어서 앞으로 '자연풍수조화론. 4단 연계법'을 적용시켜 나간다면 풍수를 실용화하는데 많은 도움이 될 것이다. 67명(23.1%)과 도움이 될 것이다에 160명(55.2%)으로 합해서 227명(78.3%)으로 비교적 높은 답변을 해주었으며, 반면에 도움이 되지 않을 것이다에는 8명 (2.8%)의 비교적 낮은 답변을 해주었다.〈표5-25참조〉

〈표5-25〉 자연풍수・조화론 실용가능성 분석결과

	빈도수	비 율(%)
많은 도움이 될 것이다	67	23.1
도움이 될 것이다	160	55.2
보통이다	55	19
그렇지 않다.	6	2.1
전혀 그렇지 않다	2	0.7
합 계	290	100

4. 풍수적용의 제도화 필요성

앞으로 도시계획에 있어 풍수를 적용해서 계획을 수립하도록 제도적 장치가 마련되어야 한다고 생각하는 의견에 아주 그렇다 19명(6.6%)과 151명(52.1%)가 그렇다 라는 응답이 170명(58.7%)이다. 반면에 제도적 장치가 마련되지 않아도 된다에 26명(8.9%)가 응답해 주었다.〈표5-26참조〉

〈표5-26〉 풍수적용 제도화 필요성

	빈도수	비 율(%)
아주 그렇다	19	6.6
그렇다	151	52.1
보통이다	94	32.4
렇지 않다	12	4.1
전혀 그렇지 않다	14	4.8
합 계	290	100

제 6 장 결 론

제 1 절 도시계획에 있어서 풍수적용 방안

풍수에 있어서 도시는 기본적으로 사방의 산 즉, 사신사(四神砂)가 주위에서 감싸면서 보호해 주는 것이 가장 이상적인 형태로 간주한다.

사신사란 동쪽 방향(左)의 청룡, 서쪽 방향(右)의 백호, 남쪽 방향(前)의 주작, 북쪽 방향(後)의 현무를 말하는 것으로 사신사는 혈(사람들이 흔히 명당이라고 부름)을 중심으로 전후좌우에서 혈을 보호하고 수호해 주는 산을 의미한다. 사신사의 기능은 크게 나쁜 바람을 막고, 좋은 바람을 저장하는 장풍으로 음택풍수 뿐만 아니라 양택풍수에서도 똑같은 비중으로 적용되는[128] 개념이다.

양택의 입지조건은 사방을 둘러싼 산을 거시적 안목으로 관찰한 것이라고 볼 수 있다. 여기서 사신사의 거시적인 면보다는 그 범위를 축소해서 양택을 보면 '주택, 사무실, 공장, 별장 등' 주변의 여러 입지조건들을 살펴보면, 양택이 있는 곳이 언덕인가, 아니면 꺼진 곳인가, 그 곳의 토질은 어떠한가, 강이나 하천은 어떻게 흐르며

---

128) 김두규, 일터와 집터, pp.43~44, 도서출판 포도원, 1993.

얼마나 떨어져 있는가, 주변의 나무들은 어떻게 배치되어 있는가,
오물이나 오수는 어떻게 처리되는가 등이다.

　기복은 양택 입지조건 중 하나로 주변보다 약간 높은 곳에 위치해
야 한다. 이것은 음택풍수에도 해당되는 말인데, 소위 명당(혈)이라
는 무덤들은 모두 주변보다 약간 높아 볼록한 곳에 위치하고 있다.

　이렇게 집터나 무덤 모두가 주변보다 높은 곳에 위치하면 통풍이
잘 되고 더 많은 햇빛과 열을 받으며 배수 또한 잘 된다. 그럴 경
우 큰비가 와도 물이 고이는 일은 없을 것이다.

　하천은 전통적으로 배산임수라 하여 주택의 뒤에는 산이, 앞에는
물이 있는 곳을 풍수지리학에서 뿐만 아니라 우리의 일상 주거생활
에서도 이상적인 생활터전으로 생각해 왔다.

　하천은 수기라는 형태로 인간에게 좋고 나쁜 기의 발생에 관여한
다. 그러므로 양택에서도 음택풍수와 마찬가지로 앞에 흐르는 하천
의 수량, 수질, 흐르는 형태가 중요하다. 물론 양택이라 하더라도
주택이냐 공장이냐 혹은 호텔이냐 등에 따라 그 수량이나 물 흐르
는 모양의 선호도가 달라질 수 있다. 다만 양택이나 무덤 모두에서
공통적으로 물의 좋은 기가 모이는 지점이 입지조건으로 정해져야
한다는 점이 중요하다.

　통풍문제는 앞에서 열거한 제 조건들 '방위, 사신사, 기복, 매립장,
하천'등을 잘 고려하여 입지조건을 선정하면 해결이 된다.[129]

1. 풍수적용 방안

　풍수이론을 도시계획에 용도지역을 배정할 때도 주거지역 나무

---

129) 김두규, 상게서, pp.52~55

(木)로 보고, 혼합지역 즉, 준 주거 준 공업은 활활 타는 형세로 보아 불(火)로 보며, 상업은 모든 것이 오가는 중심으로 생각하여 土로 계산하는 반면 공업은 쇠인 金, 녹지대는 미개발을 의미하므로 水로 보아 오행으로 처리한다. 따라서 주거지역 옆에는 木生火로 보아 혼합지역(火)를 배치하며, 水生木으로 주거지역에는 녹지대가 있어야 한다. 나무(木)의 상극인 금(金), 즉 주거지역에 공업지역이 있어도 안되고, 불(火)의 상극인 수(水), 즉 혼합지역에 녹지대만 있으면 발전될 리가 없다는 자연논리이다.[130]

1) 도심공간 관계설정

도시공간에서 건축물을 인식할 때, 개별 건축물이 아니라 연속된 건축물로 환경을 인식 하므로서 건축과 건물간의 관계는 주변과 조화를 위한 연속성, 스카이라인에 대한 고려, 형태나 색채 등에 관한 사항들이 설정될 필요가 있다[131]

건축, 토목, 조경, 도시계획 등 도시환경과 관련된 학문영역이나 실무영역이 세분화되어 있어 각 영역이 독자적인 방식으로 도시환경을 조성해 간다면, 우리 도시 환경이 오히려 어색하게 형성되는 요인이 될 수 있기 때문이다.

이런 측면에서 보았을 때 도시 설계 역할은 하나의 일정한 도시 환경 구성요소 설계가 아니라 조성하고자 하는 물리적 환경에 대한 성격과 목표를 분명하게 제공하여야 한다. 그리고 각 전문분야에서 성격과 목표에 맞게 설계되도록 가이드라인을 제시하고 설계과정을 관리하며, 분야간 역할을 조정하는 것이라고 할 수 있다. 도시환경

---

130) 김호년, 전게서, pp.277~278, 동학사, 1998.
131) 대한국토도시계획학회, 상게서, p.75, 2001.

의 질적 향상을 위해서는 도시환경 조성에 관련된 각기 다른 분야 내용들을 이해하고 종합적 접근으로 조화로운 도시설계 개념이 필요하다.[132] 이러한 실무에서 구체적으로 표현되기 위해서는 기본적으로 자연과 인간의 조화관계를 교육받은 풍수 전문인이 도시 디자인 팀 구성이 되어 활동하는 것도 일례가 될 수 있다.

2) 도심공간 차별성 확보

도시환경에서 도시계획 접근의 역할은 다양한 차원에서 관계형성의 수단 되어야 한다. 이것은 시각적, 심리적인 측면을 포함 다양한 주체간, 분야간의 조성 등을 말한다.[133]

지방자치제로 이러한 문제들은 다소 보완되고 있지만 여전히 한국 실정에 맞는 쾌적한 도시 건설을 위해서는 여러 요소들을 고려한 개발전략이 모색되어야 한다.

지속 가능한 개발을 위해서는 도시 스스로가 독특한 특성을 창조해내야 한다. 21세기는 개성의 시대로 다른 지역과 차별성이 있어야 하며, 이것만이 생태도시 또는 녹색도시로 이르게 하는 원동력으로 본다.

결국 환경 좋은 쾌적한 도시란 지역사회 구성원이 지역역사, 문화, 자연적 특성을 찾고 이를 토대로 지역산업경제를 개발하면서 자원절약형 도시구조와 결합하는 가운데서 창조[134]되어야 한다.

---

132) 대한국토도시계획학회, 상계서, pp.77~78.「일본 요코하마의 경우 기획
    조정국이라는 부처를 두어 토목, 건축, 조경 등 개별 분야를 초월하여
    코디네이터의 역할을 할 수 있도록 역할을 부여하고 있다.」2001.

133) 대한국토도시계획학회, 상계서, p.78. 2001.

134) 경실련 도시개혁센터, '도시계획의 새로운 패러다임' 제2판, p.59. 보
    성각, 2001.

2. 풍수 전문인 양성 필요성

풍수의 체계화와 학문적 정립을 위해서 풍수전문인 양성의 필요성이 절실하다. 풍수를 실생활에 적용시키기 위해서는 풍수공부를 정식으로 한 전문가가 필요하다.

소득에 따라 풍수 전문가 양성에 대한 조사에서도 70만원 미만의 경우는 전문가 양성이 '아주 필요하다' 2명(10.5%)이, '필요하다' 8명(42.1%)이 합해서 10명(52.6%)이 응답을 해주었다. '그렇지 않다', '전혀 그렇지 않다'는 4명(21%)이 응답을 해 주었다. 70-100만원의 경우도 '아주 필요하다'라고 답변한 사람들이 2명(5.7%)이 그리고 '필요하다'는 20명(57.1%)으로 높은 응답률을 보여주었다. '전혀 그렇지 않다'는 1명(2.9%) 낮은 응답률을 보여주고 있다. 100-200만원 '필요 이상'이 64명(57.1%), 200-300만원 57명(60.6%), 300만원 13명(56.5%)이 전문가 양성이 필요하다고 응답해 소득이 높을수록 전문가의 필요성을 볼수 있었다 〈표6-1참조〉

〈표6-1〉 풍수전문인 양성 소득별 인지도

양성 소 득	아 주 필 요	필 요	보 통	필요하지 않음	전혀 필요 치 않음	전 체	x^2
70만원 미만	2 (10.5%)	8 (42.1%)	5 (26.3%)	2 (10.5%)	2 (10.5%)	19 (100%)	
70-100만원	2 (5.7%)	20 (57.1%)	11 (31.4%)	1 (2.9%)	1 (2.9%)	35 (100%)	
100-200만원	12 (10.7%)	52 (46.4%)	37 (33%)	10 (8.9%)	1 (0.9%)	112 (100%)	$x^2=11.58$ (P=0.77)
200-300만원	11 (11.7%)	46 (48.9%)	30 (31.9%)	5 (5.3%)	2 (2.1%)	94 (100%)	
300만원 이상	1 (4.3%)	12 (52.2%)	7 (30.4%)	2 (8.7%)	1 (4.3%)	23 (100%)	
전 체	28 (9.9%)	138 (48.8%)	90 (31.8%)	20 (7.1%)	7 (2.5%)	283 (100%)	

이는 앞으로 적극적인 풍수전문인 양성 필요성이 증대하고 있음을 보여준다. 지금까지 주택이나 도읍의 입지를 결정할 때 풍수를 적용해 왔다는 사실들이 있음에도 막상 문헌적으로 뚜렷한 입증자료가 부족하고, 거기에다가 신비주의적 사고에 빠진 소수의 사람들 때문에 풍수가 학문적 체계를 갖추면서 발전해 오지 못했다.

또한 일반인들의 인지부족 때문에 풍수를 연구하는 사람들도 개별적 차원에서만 연구에 치중함으로써 풍수이론을 체계적으로 개발하고 과학화·객관화시키는 작업에는 소홀히 하여 왔다.

따라서 이제는 장기적 차원에서 풍수전문인을 양성해야 할 필요성이 더욱 높아지고 있다. 그렇게 해야 앞으로 토지관련분야와 환경분야에 풍수의 적극 도입과 적용이 이루어질 것이며, 풍수의 학문적 발전에도 기여하게 될 것이다.[135]

제 2 절 자연풍수 조화론 적용 방안

도시기능이란 쾌적한 생활환경 조성 및 도시기능의 합리적 정비를 말한다. 21세기는 '도시환경의 질적 향상'으로 본다면 두 가지 측면에서 논의될 수가 있다. 하나는 도시환경의 이미지 향상과 또 다른 하나는 도시공간이 인간 중심적 기능회복에 있는 것이다.

'도시환경의 질적 향상'이란 자연중심, 인간중심의 쾌적한 도시를 말하는 것으로, 이미 우리 과거도시들은 풍수사상과 기능들을 적절하게 적용하여 그 도시 안에서 삶의 질을 높여왔다.

---

135) 김승완, 전게논문, pp.137~138.

환경, 대기오염, 생태계 파괴로부터 심각해져 있는 현대도시를 지켜보면서 이제라도 도시계획에 있어서 조상들이 지혜로 활용해 왔던 풍수를 적절하게 적용하고 실천에 옮겨간다면 환경, 대기오염의 재난으로 벗어날 수 있으리라고 본다.

본 논문이 충남 계룡 신도시를 선택하게 된 동기는 계룡 신도시가 나름대로 지역 특성을 살리면서 '환경 좋은 미래도시'를 만들어 내고, 쾌적한 도시를 후손에게 물려주어야겠다는 주민과 공무원들의 깨어난 의식 속에서 진행중에 있었기 때문이다.

또한 '환경 좋은 미래도시'를 창출하기 위해 도시계획 전문가, 환경 및 풍수전문가, 주민들에게 민주형 방식으로 참여를 유도하고, 풍수를 실생활로 끌어들인 흔적을 도시 곳곳에서 느낄 수가 있었다.

계룡 신도시 계획의 상징은 풍수에서 말하는 금계가 '금계비상형'으로 계룡산을 향해 날고, 그 힘찬 날개 안에 대 자연의 질서와 조화와 미학을 넣고 있었다.

공무원과 주민 310명에게 설문조사에서 얻어낸 첫 번째 인지도는 개발보다는 자연 보존쪽에 무게를 두고 있었다. 그리고 두 번째는 불편함을 감수하더라도 '환경 좋은 미래 도시'를 만들어 후대까지 물려줘야겠다는 의식이었다.

세 번째는 신도시 계획과 개발에 있어서 풍수적용이 실용화될 수 있도록 정책적 요구와 교육방법 및 지속적 연구를 기대하고 있었다.

이렇게 풍수는 인간 삶에서 끊임없이 논의되고 좋은 주거공간을 위해 바람, 물, 땅의 상태를 파악하는 지혜로 활용되어 왔다.

지금도 도시계획에 있어서 배산임수와 방위 기능의 원활함, 자연과 주변환경의 조화, 들과 물의 부족함 등을 살피는 것은 도시입지 선정에서 첫 번째로 꼽고 있다.

풍수를 실용화 할 수 있도록 제시한 풍수의 새로운 패러다임 '자연풍수 조화론'에서 '자연-보존-개발-조화'의 '4단 연계법'에서 지향하고 있는 '조화'를 목표로 한 개발이라면 '환경 좋은 미래도시' 건설을 의미하고 있는 것이다.

신도시 계획에 있어서 실용 풍수인 '자연풍수 조화론'의 적용이란 우리 실정에 맞는 도시, 우리 체질에 맞는 쾌적한 도시건설을 뜻하는 것으로, 더불어 한국도시발전에 그만큼 기대가 크다고 볼 수 있다.

참고문헌

1. 단행본

경실련 도시개혁센터지음, 도시계획의 새로운 패러다임(서울: 보
　　　성각, 2001)

고바야시사치아키 진준희옮김, 건강과 풍수(서울: 아카데미북,
　　　2002)

광주민속박물관, 광주의 풍수(광주: 광주민속박물관, 2002)

권혁재, 한국지리(서울: 법문사, 1999),

　　　　　지형학(서울: 법문사, 2001)

김동규역저, 인자수지(서울: 명문당, 1992)

김두규, 일터와 집터(서울: 포도원, 1993)

　　　　　한국풍수의 허와 실(서울: 동학사, 1995)

　　　　　우리 땅 우리 풍수(서울: 동학사, 1998)

　　　　　조선 풍수학인의 생애와 논쟁(서울: 궁리, 2000)

　　　　　우리 풍수 이야기(서울: 북하우스, 2003)

김득황, 한국사상사(서울: 대지문화사, 1978)

김용옥, 도올의 청계천 이야기(서울: 통나무, 2003)

김용웅, 지역개발론(서울: 법문사, 2001)

김우창외, 21세기의 환경과 도시(서울: 민음사, 2000)

김호년, 땅을 알고 터를 잡자(서울: 동학사, 1994)

한국의 명당(서울: 동학사, 1993)

남영우, 서태열 공저, 도시와 국토(서울: 법문사, 2001)

뉴 어바니즘협회 지음, 안건혁,온영태 옮김, 뉴 어바니즘 헌장(서
　　울: 한울 아카데미, 2003)

르 코르뷔지에, 정성현옮김, 도시계획(서울: 동녘, 2003)

문경주외 2인, 일본의 도시행정시책(서울: 한국지방행정연구원,
　　1996)

박동수, 지방자치와 지역개발(전주: 전주대학교 출판부, 1990)

　　　지방자치의 이해(전주: 전주대학교 출판부, 1999)

박병식외 2인, 도시행정론(서울: 대영문화사, 1996)

박시익, 풍수지리와 건축(서울: 경향신문사, 1997)

　　　풍수지리와 현대건축(서울: 기문당, 1992)

　　　한국의 풍수지리와 건축(서울: 일빛, 1999)

박종화외 2인, 도시행정론(서울: 대영문화사, 1998)

사라 로스바하/황봉득 옮김, 풍수로 보는 인테리어(서울: 동도원,
　　1996)

신영훈외 2명, 우리건축 100년(서울: 현암사, 2001)

양계초, 풍우란지음, 김홍경 편역, 음양오행설의 연구(서울: 신지
　　서원, 1993)

양상화, 형상으로 보는 풍수(서울: 유니프레스, 2000)

원제무외 3명, 도시정책론(서울: 박영사, 2000)

오세균, 풍수좌향과 심혈명당(서울: 경인문화사, 1996)

이몽일, 한국풍수사상사(서울: 명보문화사, 1991)

이중환, 택리지(서울: 을유문화사, 1994)

이병도, 고려시대연구(서울: 아세아문화사, 1980)

이상훈, 진안의 마을신앙(진안: 진안문화원, 1998)

이세복·이우영, 정통풍수의 이론과 방법(서울: 동학사, 1997)

이재석, 기와 생활풍수 인테리어(서울: 한줄기, 1997)

이한종, 아파트에도 명당이 있다(서울: 동아일보사, 1997)

　　　　풍수지리학(서울: 오성출판사, 1996)

임덕순, 문화 지리학(서울: 법문사, 1996)

장동순, 동양사상과 서양과학의 접목과 응용(서울: 청홍, 1999)

　　　　동양 전통 자연사상 탐구(서울: 집문당, 2001)

장명수, 성곽발달과 도시계획 연구(서울: 학연문화사 1994)

장영훈, 왕릉풍수와 조선의 역사(서울: 대원미디어, 2000)

정종수, 계룡산(서울: 대원사, 1996)

　　　　풍수로 보는 우리문화 이야기(서울: 웅진닷컴, 2000)

정판성, 생활수맥 건강수맥(서울: 동학사, 1996)

지창룡, 성공하는 사람들의 생활풍수(서울: 책 만드는 집, 1995)

차용준, 한국인의 전통사상(전주: 전주대학교 출판부, 1998)

　　　　전통문화의 이해(전주: 전주대학교 출판부, 2000)

　　　　종교문화의 이해(전주: 전주대학교 출판부, 2002)

천　영, 부동산학개론(서울: 범론사, 1988)

최창조, 좋은땅이란 어디를 말함인가(서울: 서해문집, 1990)

　　　　한국의 풍수사상(서울: 민음사, 1990)

　　　　한국의 자생풍수 I·II(서울: 민음사, 1997)

　　　　한국의 풍수지리(서울: 민음사, 1996)

땅의 눈물 땅의 희망(서울: 궁리, 2000)

최창조역주, 청오경·금낭경(서울: 민음사, 1995)

최창조편역, 터잡기의 예술(서울: 민음사, 1992)

최창조외 4인, 풍수, 그 삶의 지리 생명의 지리(서울: 푸른나무, 1993)

최창조외 12인, 생태계 위기와 한국의 환경문제(서울: 따님, 1993)

충남계룡출장소, 계룡의 어제와 오늘(충남 계룡출장소, 1999)

계룡산맥은 있다(충남 계룡출장소, 2001)

충청남도, 계룡산지(충청남도, 1994)

한국도시연구소편, 한국도시론(서울: 박영사, 1999)

한국지리정보연구회, 지리학강의(서울: 한올 아카데미 2000)

홍경희, 도시지리학(서울: 법문사2002)

홍두승, 사회조사분석(서울: 다산출판사, 1995)

황병기, 성공적인 노는 땅 개발법(서울: 명진출판, 1996)

황종찬, 명당을 어떻게 찾는가(서울: 좋은글, 1996)

新풍수지리입문(서울: 좋은글, 1996)

2. 논 문

강환응, "부동산가격형성요인으로서의 풍수사상에 관한 연구", 단국대학교 경영대학원 부동산 경영학과 석사학위논문, 1991.

고영민, "풍수지리학을 통하여 본 환경관", 경희대학교 행정대학원 석사학위논문, 1991.

권선정, "취락입지에 대한 풍수적 해석", 서울대학교 대학원 석사학위논문, 1991.

권혁승, "성경으로 본 풍수지리와 땅", 목회와 신학, 신학대학교, 1998

금병대, "풍수지리설의 과학성", 토지개발 통권118호, 1989.

김기완, "생태적 접근방법을 적용한 입지의사결정 Model에 관한 연구", 연세대학교 행정대학원 석사학위논문, 1991.

김대은, "도시계획에 있어서 풍수지리적 이론의 적용에 관한 연구", 연세대학교 행정대학원 석사학위논문, 1991.

김두규, "청와대 풍수지리", 월간 신동아 1월호, 1998.

김상휘, "도시입지에 있어 풍수지리이론 활용방안에 관한 연구", 전주대학교 사회과학논총 제13집, 2001.

김상휘, "풍수지리에 대한 고찰" 전주대학교 사회과학논총 제14집, 2002.

김신종, "한국의 토지정보관리체계에 관한 연구", 단국대학교 대학원 박사학위논문, 1993.

김승완, "주택입지선정의 풍수지리적 고찰", 전주대학교 사회과학논총 제9집, 1997,

　　　"학교입지에 대한 풍수적 분석", 전주대학교 자치행정연구 제2호, 1997.

김운령, "풍수지리의 시각구조분석에 관한 연구", 영남대학교 대학원 석사학위논문, 1996.

김유일, "주거만족도에 관한 경험적 연구", 한양대학교 대학원 박사학위논문, 1988.

김종의, "상업용부동산 입지선정에 관한 연구", 건국대학교 행정
　　대학원 석사학위논문, 1989.

김재성, "주거환경이 주택가격에 미치는 영향에 관한 연구", 서울
　　대학교 대학원 석사학위논문, 1997.

김재식, "조계산 선암사의 택지 및 공간구성에 관한 연구", 서울
　　시립대학교 대학원 박사학위논문, 1997.

김창택, "동양 풍수사상에 비추어 본 고대 이스라엘의 땅 이해",
　　목원대학교 대학원 석사학위논문, 1994.

김한수, "목표계획기법에 의한 공장입지 결정에 관한 연구", 서울
　　대학교 환경대학원 석사학위논문, 1987.

김현승, "한국도시계획에 있어서 풍수지리사상의 활용에 관한 연
　　구", 연세대학교 행정대학원 석사학위논문, 1990.

민규식, "주거입지선정의 이론적 고찰", 개발과 자치, 제5권 제1
　　호, 한국지역개발·자치학회, 1991.

박규식, "부동산 감정평가에 미치는 풍수지리적 영향에 관한 연
　　구", 한남대학교 지역개발대학원 부동산학과 석사학위논문,
　　1993.

박남희, "신도시로 이주한 거주자의 주거수준과 주거만족도 변
　　화", 연세대학교 대학원 박사학위논문, 1995.

박문우, "입지론적 배경에 의한 마을과 민가의 좌향에 관한 연
　　구", 조선대학교 대학원 석사학위논문, 1991.

박서호, "사회와 공간간의 관계에 대한 연구", 서울대학교 박사학
　　위논문, 1993.

박시익, "풍수지리설 발생배경에 관한 분석연구", 고려대학교 박
　　사학위논문, 1987.

　　　"풍수지리설과 건축계획과의 관계", 고려대학교 석사학위
　　　논문, 1978.

박영묵, "전통풍수사상과 주거입지에 관한 연구", 강원대학교 경
　　　영행정대학원 석사학위논문, 1995.

박재용, "풍수지리설의 사상적 배경과 도시형성의 영향에 관한 연
　　　구", 한양대학교 석사학위논문, 1989.

박창수, "21세기 준비를 위한 한국주택정책의 방향", 사회과학논
　　　총 제12집, 전주대학교 사회과학연구소, 1996.

성동환, "풍수지리론에 대한 문헌고증학적 연구", 서울대학교 대
　　　학원 석사학위논문, 1992.

손두호, "한국전통 주거에서의 풍수사상과 그 건축적 해석에 관한
　　　연구", 서울대학교 석사학위논문, 1980.

손정목, "도시풍수와 국토풍수", 월간 국토건설, 1985

　　　"풍수지리설에 도읍형성에 미친 영향에 관한 연구", 도시
　　　문제, 1973.

송철호, "한국의 풍수와 묘송연구", 동아대학교 대학원 석사학위
　　　논문, 1985.

심혜자, "촌락의 입지 및 공간구성의 풍수국면적 특징", 성신여자
　　　대학교 석사학위논문, 1990.

왕정기, "공공입지선정에 있어서 풍수이론적용에 관한 연구", 전
　　　주대학교 지역정책대학원 석사학위논문, 1994.

유덕봉, "한국의 풍수사상에 대한 기독교적 평가", 침례신학대학
　　　교 신학대학원 석사학위논문, 1995.

유복무, "풍수지리설에 의한 입지선정", 대한토목학회 제36권 제2
　　　호, 1988.

유재현, "혈과 명당의 관계를 통하여 본 한국전통 건축공간의 중심개념에 관한 연구", 울산공대 논문집 제10권 2호, 1979.

이경행, "전통주거에서 풍수지리이론의 적용에 관한 연구", 조선대학교 산업대학원 석사학위논문, 1992.

이규제, "풍수의 실재관과 현대적 해석 가능성", 감리교신학대학교 대학원 석사학위논문, 1992.

임구원, "도시환경시설의 입지분쟁에 관한 연구", 단국대학교 대학원 박사학위논문, 1996.

임만택, "주거환경의 만족도에 관한 실증적 연구", 전남대학교 대학원 건축공학과 박사학위논문, 1990.

이몽일, "한국풍수사상사 연구", 경북대학교 지리학과 박사학위논문, 1991.

이상구, "조선후기 도시입지형태의 연구", 서울대학교 도시공학과 박사학위논문, 1993.

이원교, "전통건축의 배치에 관한 지리체계적 해석연구", 서울대학교 박사학위논문, 1992.

이정덕, "풍수지리설에 의한 주택배치의 성격분석에 관한 연구", 대한건축학회 춘계학술논문, 1984.

이정석, "서울시민의 주거입지행태에 관한 연구", 서울대학교 대학원 박사학위논문, 석사학위논문, 1984.

임동일, "조선시대 관어의 입지와 좌향을 통해 본 도·읍의 조영논리연구", 한양대학교 박사학위논문, 1996.

장철민, "입지선정이론으로서 풍수지리설에 관한 연구", 전주대학교 지역정책대학원 석사학위논문, 1993.

조성국, "풍수지리설에 도시입지선정에 미친 영향에 관한 연구", 한양대학교 환경대학원 석사학위논문, 1991.

조은정, "신세대 소비자의 주거가치와 주거선호", 서울대학교 대학원 박사학위논문, 1976.

주남철, "조선시대 주택건축의 공간구성에 관한 연구", 서울대학교 대학원 박사학위논문, 1976.

진철훈, "도시개발행정제도에 관한 연구", 단국대학교 대학원 건축공학과 박사학위논문, 1995.

최병선, "한국고도읍의 공간구조에 관한 연구", 서울대학교 행정대학원 석사학위논문, 1973.

최창조, "풍수사상에서 온 통일한반도 수도입지선정", 국토연구 제6권, 국토개발연구원, 1989.

최효승, "도시대중주택에 나타난 유전적 건축공간에 관한 연구", 한양대학교 박사학위논문,1986.

현두용, "한국건축의 양택론에 관한 연구", 홍익대학교 대학원 석사학위논문, 1977.

홍혜근, "도시내 주거입지선정 방법에 관한 연구: 입지분석표 작성을 중심으로", 건국대학교행정대학원 석사학위논문, 1990.

3. 외국문헌

Alex Anas, "The Empirical Calibration and Testing of a Simulation Model of Residential Location", Environment and Planning Associate, 1975.

Alfred Marshall, principle of Economics(London: Macmillan Press, 1972)

Airea, The Appraisal of Real Estate(Chicago: Airea, 1973)

Anthony R. de Souza and J. Brafy Foust, World Space Economy(New York: A Bell and Howell Company, 1979)

A. W. Evans, The economics of Residential Location(London: Macmillan Press, 1973)

Drvid Clark, Urban Geography(London: Croom Helm, 1982)

Derek Walters, Feng Shui, Die Kunst de Wohnens(Munchen: GoldMann Verlag, 1995)

Edwin S. Mills, Urban Economics(Illinois: Foresmanand Company, 1972)

E. J. Kaiser, "Decision Agent Models OF Urban Structure, Lexington, Mass., D. C. Heath, 1972)

F. Stuart Chapin, Jr. and Edward J. Kaiser, Urban Lend Use Planning(Illinois: University of Illinois Press, 1979)

James H. johnson, Urban Geography(London: A. Wheaton and Co. Ltd., 1981)

James Heilbrun, Urban Economics and Public Policy(New York: Martins Press Inc., 1989)

J. E. Vance, "Land Assignment in the Precapitalist and Postcapitalist at City", Economic Geography, Vol. 47, No.1, 1971.

· 약 력 ·

전주대학교 행정학 박사
전주대학교 평생교육원 풍수지리반 교수
전주대학교 평생교육원 부동산학과 주임교수

현) 전북 도립공원 심의위원
　　전주시 지명위원회 위원
　　전주시 건축심의위원회 위원
　　전주시 교통정책자문위원회 위원
　　전주시의회 8대의원(효자3·4동)
　　　　(도시건설위원회 위원)

김상휘 박사

· 경 력 ·

한국문인협회 회원
한국소설가협회 회원
전북소설가협회 회장
전라풍수문화연구소 소장

· 주요 논문 및 저서 ·

「풍수지리에 대한 고찰」
「도시계획에 있어서 풍수적용에 관한 연구」
「도시입지에 있어서 풍수지리이론 활용방안에 관한 연구」
『풍수기행 모악산』
『민족문화연구방법』 외 다수

도시개발풍수론
- 쾌적한 환경도시를 위하여 -

· 초판 인쇄 ┃ 2006년 8월 31일
· 초판 발행 ┃ 2006년 8월 31일

· 지 은 이 ┃ 김상휘
· 펴 낸 이 ┃ 채종준
· 펴 낸 곳 ┃ 한국학술정보㈜
　　　　　　경기도 파주시 교하읍 문발리 526-2
　　　　　　파주출판문화정보산업단지
　　　　　　전화 031) 908-3181(대표) · 팩스 031) 908-3189
　　　　　　홈페이지 http://www.kstudy.com
　　　　　　e-mail(e-Book사업부) ebook@kstudy.com
· 등 록 ┃ 제일산-115호(2000. 6. 19)
· 가 격 ┃ 25,000원

ISBN 89-534-5604-5 93350 (Paper Book)
　　　 89-534-5605-3 98350 (e-Book)